国家中等职业教育改革发展示范学校规划教材·会计专业

会计综合实训——基础篇

模拟实训凭证、表格活页手册

主　编　何素花
副主编　吕玉杰　邱　蕾

中国财富出版社

图书在版编目（CIP）数据

会计综合实训．基础篇/何素花主编．—北京：中国财富出版社，2015.3

（国家中等职业教育改革发展示范学校规划教材）

ISBN 978-7-5047-5665-7

Ⅰ.①会…　Ⅱ.①何…　Ⅲ.①会计学—中等专业学校—教材　Ⅳ.①F230

中国版本图书馆CIP数据核字（2015）第087523号

策划编辑　王淑珍　　**责任编辑**　葛晓雯

责任印制　方朋远　　**责任校对**　梁　凡　　**责任发行**　斯　琴

出版发行　中国财富出版社

社　　址　北京市丰台区南四环西路188号5区20楼　　**邮政编码**　100070

电　　话　010-52227568（发行部）　　010-52227588转307（总编室）

010-68589540（读者服务部）　　010-52227588转305（质检部）

网　　址　http://www.cfpress.com.cn

经　　销　新华书店

印　　刷　北京京都六环印刷厂

书　　号　ISBN 978-7-5047-5665-7/F·2424

开　　本　787mm×1092mm　1/16　　**版　　次**　2015年3月第1版

印　　张　16.5　　**印　　次**　2015年3月第1次印刷

字　　数　244千字　　**定　　价**　38.50元（含活页手册）

模拟实训凭证、表格

（以下凭证、表格可裁剪、装订）

一、2013 年 11 月经济业务票据

表1－1*

中国工商银行进账单（收账通知） 1

20××年11月1日　　　　第21号

出票人	全　称	宏海商贸有限公司	持票人	全　称	圣凯有限责任公司
	账　号	3600044900652377218		账　号	4700022609003636668
	开户银行	建行武安市建华支行		开户银行	工行石家庄市水源支行
人民币（大写）陆万捌仟伍佰元整			千百十万千百十元角分		¥ 6 8 5 0 0 0 0
票据种类	转账支票		中国工商银行石家庄市水源支行 转讫		
票据张数	1张				
单位主管　会计　复核　记账			持票人开户行盖章		

此联是持票人开户银行交给持票人的收账通知

表2－1

收　据

20××年11月2日　　　　No.0004281

今　收　到：南山有限公司	
交　　来：投资款	
人民币（大写）：贰拾壹万元整	（小写）¥210 000.00
收款单位盖章：（圣凯有限责任公司 财务专用章）	经收人签章：李红

单位主管：　　会计：　　出纳：　李红　　记账：

* 本活页手册的票据是针对附件的资料，表 1－1 意为附件中第 1 个资料用到的第一张票据，下同。

表2－2　　　　**中国工商银行进账单（收账通知）**　1

20××年11月2日　　　　第22号

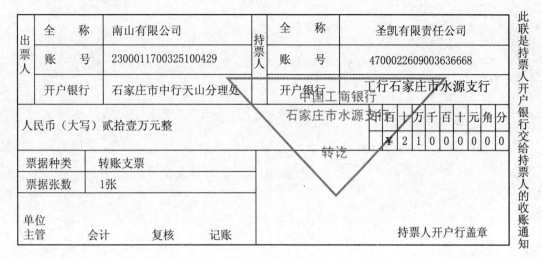

出票人			持票人		
出票人	全　称	南山有限公司	持票人	全　称	圣凯有限责任公司
	账　号	2300011700325100429		账　号	4700022609003636668
	开户银行	石家庄市中行天山分理处		开户银行	工行石家庄市水源支行
人民币（大写）贰拾壹万元整			亿百十万千百十元角分	¥21000000	
票据种类	转账支票		中国工商银行 石家庄市水源支行 转讫		
票据张数	1张				
单位主管　会计　复核　记账			持票人开户行盖章		

此联是持票人开户银行交给持票人的收账通知

表3－1　　　　**北京市增值税专用发票（发票联）**

开票日期：20××年11月3日　　发票联　　No.00180234

全国统一发票监制章 北京市 国家税务总局监制

购货单位	名　　称：圣凯有限责任公司 纳税人识别号：140107719850887 地 址、电 话：和平路101号 0331-87826666 开户行及账号：工行石家庄市水源支行 4700022609003636668			密码区	7/1>>61<98>8->*5 加密版本号：01 3/9>3327867>383527567 97/>5-710079>-08/1312 440004314 *38426>>2-23/186>>49 00187967		
货物及应税劳务名称	规格型号	单位	数量	单价	金额	税率	税额
联想台式电脑	C246	台	10	1 999	19 990	17%	3 398.30
合计					¥19 990		¥3 398.30
价税合计（大写）	贰万叁仟叁佰捌拾捌元叁角　（小写）¥23 388.30						
销货单位	名　　称：北京四海有限责任公司 纳税人识别号：359291040021388 地 址、电 话：北京127号 027-54566788 开户行及账号：商行文支　0776024001469			备注	北京四海有限责任公司 发票专用章 税号：359291040021388		

收款人：　　复核：　　开票人：李燕　　销货单位（章）：

第三联　发票联　购货方记账凭证

表3－2

北京市增值税专用发票（抵扣联）

开票日期：20××年11月3日　　发票联　　No.00180234

（全国统一发票监制章 北京市 国家税务总局监制）

购货单位	名　　称：圣凯有限责任公司 纳税人识别号：140107719850887 地 址、电 话：和平路101号0331-87826666 开户行及账号：工行石家庄市水源支行 4700022609003636668	密码区	4<0/0*31*6<2+7703+6 加密版本号：01 /1-1-09881019>990/0+8 6845/3<0211+-+0191312 440004314 4<0676->>2-23/186>>-1 00180234

货物及应税劳务名称	规格型号	单位	数量	单价	金额	税率	税额
联想台式电脑	C246	台	10	1 999	19 990	17%	3 398.30
合计					¥19 990		¥3 398.30
价税合计（大写）	贰万叁仟叁佰捌拾捌元叁角				（小写）¥23 388.30		

销货单位	名　　称：北京四海有限责任公司 纳税人识别号：359291040021388 地 址、电 话：北京127号 027-54566788 开户行及账号：工行京支 0776024001469	备注	北京四海有限责任公司 发票专用章 税号：359291040021388

收款人：　　　　复核：　　　　开票人：李燕　　　　销货单位（章）：

第二联 抵扣联 购买方扣税凭证

表3－3

入 库 单

20××年11月3日　　No.045301

供货单位：北京四海有限公司								实际成本								
编号	商品名称	规格	送验数量	实收数量	单位	单价	运杂费	金额								
								百	十	万	千	百	十	元	角	分
001	联想台式电脑	C246	10	10	台	1 999				1	9	9	9	0	0	0
合　计									¥	1	9	9	9	0	0	0
备　注：								附单据　张								

主管：　　　　会计：　　　　保管：冯军　　　　复核　　　　验收：张志

第二联 送会计部门

表3－4　　　　**中国工商银行信汇凭证（回单）**　　1

委托日期2013年11月3日　　　　No.00461255

汇款人	全　称	圣凯有限责任公司	收款人	全　称	北京四海有限责任公司
	账　号	4700022609003636668		账　号	0776024001469
	汇出地点	河北省石家庄市/县		汇入地点	省　北京市/县
汇出行名称		工行石家庄市水源支行	汇入行名称		工行京支
金额	人民币（大写）	贰万叁仟叁佰捌拾捌元叁角			

亿	千	百	十	万	千	百	十	元	角	分
			¥	2	3	3	8	8	3	0

中国工商银行 石家庄水源支行 2013.11.03 转讫 汇出行签章	支付密码 附加信息及用途:**货款** 款已从你单位账户汇出 复核　　记账

此联是汇出行给汇款人的回单

表 4－1　　　　**支票存根 02447451**

中国工商银行转账支票存根

支票号码：02447451

附加信息：

出票日期　20××年11月4日

收款人：	圣凯有限责任公司
金　额：	¥3 000.00
用　途：	提现备用

单位主管　　　　会计

本支票付款期限十天

表5－1

中国工商银行（短期借款）借款凭证（回单）④

20××年11月4日　　　　银行编号：3040126

名　　称	圣凯有限责任公司	借款单位	名　　称	圣凯有限责任公司
往来账户	050101100228045		放款账户	050101100132023
开户银行	工行石家庄市水源支行 0331-87826666		开户银行	工行石家庄市水源支行 0331-87826666
还款期限	3个月	利率	6%	起息日期　20××.11.4

申请金额	人民币（大写）：陆万元整		亿	千	百	十	万	千	百	十	元	角	分
借款原因 用　　途	周转贷款	银行核定金额				¥	6	0	0	0	0	0	0

备注：	期限	计划还款	计划还款金额
中国工商银行 石家庄市水源支行 转讫			
	上述借款业已同意贷给并转入你单位往来账户，借款到期时应按期归还。　此致 借款单位 （银行盖章）　　20××年11月4日		

表5－2

中国工商银行进账单(收账通知)

2013年11月4日　　　　第43号

收款人	全　称	圣凯有限责任公司	付款人	全　称	石家庄市工商银行水源支行
	账　号	050101100228045		账　号	050101100228045
	开户银行	工行石家庄市水源支行		开户银行	工行石家庄市水源支行

人民币（大写）	陆万元整	千	百	十	万	千	百	十	元	角	分
				¥	6	0	0	0	0	0	0

票据种类	借款凭证	收款人开户行盖章

中国工商银行石家庄市水源支行 转讫

此联是持票人开户行给持票人的收账通知

表6－1 **北京市增值税专用发票（发票联）**

开票日期：20××年11月5日　　　　发票联　　　　No. 00187962

购货单位	名　　称：圣凯有限责任公司 纳税人识别号：140107719850887 地 址、电 话：和平路101号0331-87826666 开户行及账号：工行石家庄市水源支行 4700022609003636668			密码区	*73-+54477865*+-/98　加密版本号：01 //-275+6*94>4+6310052 4//563<0217+-+019>302 400004100 3<0602->>2/4>>4/>>>0 00187966		
货物及应税劳务名称	规格型号	单位	数量	单价	金额	税率	税额
联想手机	A390-S322	部	5	400	2 000	17%	340
合计					¥2 000		¥340
价税合计（大写）	贰仟叁佰肆拾元整			（小写）¥2 340.00			
销货单位	名　　称：北京四海有限责任公司 纳税人识别号：359291040021388 地 址、电 话：北京127号 027-54566788 开户行及账号：工行京支　0776024001469			备注			

收款人：　　　　复核：　　　　开票人：唐杰　　　　销货单位（章）：

第二联　发票联　购货方记账凭证

表6－2 **北京市增值税专用发票（抵扣联）**

开票日期：20××年11月4日　　　　发票联　　　　No. 00187962

购货单位	名　　称：圣凯有限责任公司 纳税人识别号：140107719850887 地 址、电 话：和平路101号0331-87826666 开户行及账号：工行石家庄市水源支行 4700022609003636668			密码区	*73-+54477865*+-/98　加密版本号：01 //-275+6*94>4+6310052 4//563<0217+-+019>302 400004100 3<0602->>2/4>>4/>>>0 00187966		
货物及应税劳务名称	规格型号	单位	数量	单价	金额	税率	税额
联想手机	A390-S322	部	5	400	2 000	17%	340
合计					¥2 000		¥340
价税合计（大写）	贰仟叁佰肆拾元整			（小写）¥2 340.00			
销货单位	名　　称：北京四海有限公司 纳税人识别号：359291040021388 地 址、电 话：北京127号 027-54566788 开户行及账号：工行京支　0776024001469			备注			

收款人：　　　　复核：　　　　开票人：唐杰　　　　销货单位（章）：

第二联　抵扣联　购买方扣税凭证

表7－1 **河北省增值税专用发票（记账联）**

开票日期：20××年11月5日　　发票联　　No.00187961

购货单位	名　　称：东明商贸有限公司 纳税人识别号：465280104013184 地 址、电 话：文化路6号　0331-7854760 开户行及账号：建行石家庄市平安分理处 4700031509002525553				密码区	7/1>>61<98>8->*5　加密版本号：01 3/9>3327867>383527567 97/>5-710079>-08/1312 440004314 *38426>>2-23/186>>49 00187967	
货物及应税劳务名称	规格型号	单位	数量	单价	金额	税率	税额
联想台式电脑	C246	台	8	3 998	31 984	17%	5 437. 28
合计					¥31 984		¥5 437.28
价税合计（大写）	叁万柒仟肆佰贰拾壹元贰角捌分				（小写）¥ 37 421.28		
销货单位	名　　称：圣凯有限责任公司 纳税人识别号：465280104013184 地 址、电 话：和平路101号0331-87826666 开户行及账号：工行石家庄市水源支行 4700022609003636668				备注	圣凯有限责任公司 发票专用章 税号：465280104013184	

收款人：　　复核：　　开票人：冯小刚　　销货单位（章）：

第一联　记账联　销货方记账凭证

表7－2 **中国工商银行进账单（收账通知）**　1

20××年11月5日　　第23号

出票人	全　称	东明商贸有限公司	持票人	全　称	圣凯有限责任公司
	账　号	4700031509002525553		账　号	4700022609003636668
	开户银行	建行石家庄市平安分理处		开户银行	工行石家庄市水源支行

人民币（大写）：叁万柒仟肆佰贰拾壹元贰角捌分	千	百	十	万	千	百	十	元	角	分
			¥	3	7	4	2	1	2	8

票据种类	转账支票	中国工商银行 石家庄市水源支行 转讫
票据张数	1张	
单位主管　会计　复核　记账		持票人开户行盖章

此联是持票人开户银行交给持票人的收账通知

表7－3

商品出库单

购货单位：东明商贸有限公司

20××年11月5日　　　　销字第001号

商品名称及规格	单位	数量
联想台式电脑C246	台	8
合　计		8

第二联　会计记账

主管：　　　会计：　　　保管：冯磊　　　复核：　　　验收：张志

表8－1

入库单

20××年11月6日　　　　No. 045302

供货单位：北京四海有限责任公司								实际成本								
编号	商品名称	规格	送验数量	实收数量	单位	单价	运杂费	金额								
								百	十	万	千	百	十	元	角	分
002	联想手机	A390-S322	5	5	部	400					2	0	0	0	0	0
合　计										¥	2	0	0	0	0	0
备　注：								附单据　张								

第二联　送会计部门

主管：　　　会计：　　　保管：冯军　　　复核：　　　验收：张志

表8－2

中国工商银行信汇凭证（回单）　1

委托日期2013年11月6日　　　　No. 00461255

汇款人	全　称	圣凯有限责任公司	收款人	全　称	北京四海有限责任公司
	账　号	4700022609003636668		账　号	0776024001469
	汇出地点	河北省石家庄市/县		汇入地点	省　北京市/县
汇出行名称		工行石家庄市水源支行	汇入行名称		工行京支

金额	人民币：（大写）贰仟叁佰肆拾元整	亿	千	百	十	万	千	百	十	元	角	分
							¥	2	3	4	0	0	0

中国工商银行
石家庄水源支行
2013.11.06
转讫

汇出行签章

支付密码

附加信息及用途：**货款**

款已从你单位账户汇出

复核　　　　记账

此联汇出行给汇款人的回单

表9－1 河北广告业专用发票

客户名称：圣凯有限责任公司 №.0056381

项 目	单 位	数 量	单 价	金额 十	万	千	百	十	元	角	分
广告费	次	1	3 500			3	5	0	0	0	0
合计人民币（大写）：叁仟伍佰元整					¥	3	5	0	0	0	0

全国统一发票监制章 河北 国家税务总局监制

石家庄市创意广告有限责任公司 发票专用章 税号：465200105203976

单位：（盖章） 开票人：胡玉青

表 9－2 支票存根 01447363

中国工商银行转账支票存根

支票号码：01447363

附加信息：

出票日期 20××年11月9日

收款人：创意广告有限公司

金 额：¥3 500.00

用 途：支付广告费

单位主管 会计

本支票付款期限十天

表 10－1 支票存根 01447364

中国工商银行转账支票存根

支票号码：01447364

附加信息：

出票日期 20××年11月 日

收款人：圣凯有限责任公司

金 额：¥25 000.00

用 途：工资

单位主管 会计

本支票付款期限十天

表10－2 **201×年11月工资发放表** 单位：元

序号	姓名	岗位工资	奖金	应发工资	扣款	实发
1	张建	3 000	1 000	4 000	略	4 000
2	王磊	120	640	1 840		1 840
3	张燕	1 200	500	1 700		1 700
4	刘强	1 500	800	2 300		2 300
…	…	…	…	…	…	…
102	赵小兵	750	300	1 050		1 050
合计		15 000	10 000	25 000		25 000

表10－3 　　**企业人员工资代发凭证**

单位代码：SB010502049　　　　单位名称：圣凯有限责任公司

打印日期：20××.11.10　　　　单位：元

工资款项	职工人数	岗位工资	奖金	应发工资	扣款	实发
合计	12	15 000	10 000	25 000		25 000

表11－1 　　**借款单**

20××年11月10日

借款部门或姓名：张利					
借款事由：出差					
共需天数：一个月					
借款金额（人民币大写）：贰仟元整　　（小写）¥2 000.00					
领导批示	同意 张建	财务负责人	同意 丁宝强	借款人签章	张利

表12－1 　　**中华人民共和国 地 税收缴款书**

隶属关系：县级市　　新地缴电20050254362号

注册类型：其他有限责任公司　填发日期：20××年11月10日　征收机关：石家庄市地税局

缴款单位	代码	265230101090615	预算科目	编码	7003教育费附加
	全称	圣凯有限责任公司		款项	教育费附加
	开户银行	工行石家庄市水源支行		级次	县（市）级
	账号	4700022609003636668		收缴国库	石家庄市支库
税款所属时期20××年11月1—10日			税款限缴日期20××年11月10日		

品目名称	课税数量	计税金额或销售收入	税率或单位税额	已缴或扣除额	实缴金额
教育费附加			3%		600.00
金额合计（大写）陆佰元整					（小写）¥600.00
缴款单位（人）（盖章）经办人：张文明	税务机关（盖章）填票人：刘玉萍		上列款项已核收记入收款单位账户 国库（银行）盖章		备注

第一联　收据国库收款盖章后退缴款单位作完税凭证

表12－2 中华人民共和国 地

隶属关系：县级市 **税收缴款书** 新地缴电20050254363号

注册类型：其他有限责任公司 填发日期：20××年11月10日 征收机关：石家庄市地税局

缴款单位	代码	265230101090615	预算科目	编码	1003城市建设维护税
	全称	圣凯有限责任公司		款项	城市建设维护税
	开户银行	工行石家庄市水源支行		级次	县（市）级
	账号	4700022609003636668	收缴国库		石家庄市支库

税款所属时期20××年11月1—10日			税款限缴日期20××年11月10日		
品目名称	课税数量	计税金额或销售收入	税率或单位税额	已缴或扣除额	实缴金额
教育费附加			7%		1400.00
金额合计（大写）：壹仟肆佰元整					（小写）¥1400.00
经办人：张文明	填票人：刘玉萍	上列款项已核收记入收款单位账户 国库（银行）盖章			备注

表12－3 中华人民共和国 国

隶属关系：县级市 **税收缴款书** 新地缴电20050254364号

注册类型：其他有限责任公司 填发日期：20××年11月10日 征收机关：石家庄市地税局

缴款单位	代码	265230101090615	预算科目	编码	0101国内增值税
	全称	圣凯有限责任公司		款项	增值税
	开户银行	工行石家庄市水源支行		级次	县（市）级
	账号	4700022609003636668	收缴国库		石家庄市支库

税款所属时期20××年11月1—10日			税款限缴日期20××年11月10日		
品目名称	课税数量	计税金额或销售收入	税率或单位税额	已缴或扣除额	实缴金额
教育费附加			17%		20 000.00
金额合计（大写）：贰万元整					（小写）¥20 000.00
经办人：张文明	填票人：刘玉萍	上列款项已核收记入收款单位账户 国库（银行）盖章			备注

表12－4

中华人民共和国　　　国

税收缴款书

隶属关系：县级市　　　　新地缴电20050254367号

注册类型：其他有限责任公司　填发日期：20××年11月10日　征收机关：石家庄市地税局

缴款单位	代码	265230101090615	预算科目	编码	0483企业所得税
	全称	圣凯有限责任公司		款项	企业所得税
	开户银行	工行石家庄市水源支行		级次	县（市）级
	账号	470002260900363 6668	收缴国库		石家庄市支库

税款所属时期20××年11月1—10日			税款限缴日期20××年11月10日		
品目名称	课税数量	计税金额或销售收入	税率或单位税额	已缴或扣除额	实缴金额
所得税			25%		6 000.00
金额合计（大写）：陆仟元整					（小写）¥6 000.00
经办人：张文明	填票人：刘玉萍	上列款项已核收记入收款单位账户 国库（银行）盖章			备注

表13－1

北京市增值税专用发票（发票联）

发票联

开票日期：20××年11月13日　　　　No. 02548215

购货单位	名　　称：圣凯有限责任公司 纳税人识别号：465280104013184 地址、电话：和平路101号0331-87826666 开户行及账号：工行石家庄市水源支行 4700022609003636668	密码区	*73-+54477865*+-/98　加密版本号：01 //-275+6*94>4+6310052 4//563<0217+-+019>302 400004100 3<0602->>2/4>>4/>>>0 00187966

货物及应税劳务名称	规格型号	单位	数量	单价	金额	税率	税额
联想台式电脑	C246	台	11	1 999	21 989	17%	3 738.13
合计					¥21 989		¥3 738.13
价税合计（大写）	贰万伍仟柒佰贰拾柒元壹角叁分				（小写）¥25 727.13		

销货单位	名　　称：北京四海有限责任公司 纳税人识别号：359291040021388 地址、电话：北京127号 027-54566788 开户行及账号：工行京支 0776024001469	备注	

第三联　发票联　购货方记账凭证

收款人：　　　复核：　　　开票人：李小龙　　　销货单位（章）：

表13－2

北京市增值税专用发票（抵扣联）

开票日期：20××年11月13日　　　　No. 02548215

（印章：全国统一发票监制章　北京市　国家税务总局监制）

购货单位	名　　称：圣凯有限责任公司 纳税人识别号：465280104013184 地 址、电 话：和平路101号0331-87826666 开户行及账号：工行石家庄市水源支行 4700022609003636668				密码区	*73-+54477865*+-/98　加密版本号：01 //-275+6*94>4+6310052 4//563<0217+-+019>302 400004100 3<0602->>2/4>>4/>>>0 00187966		
货物及应税劳务名称	规格型号	单位	数量	单价	金额	税率	税额	
联想台式电脑	C246	台	11	1 999	21 989	17%	3 738.13	
合计					¥21 989		¥3 738.13	
价税合计（大写）	贰万伍仟柒佰贰拾柒元壹角叁分				（小写）¥25 727.13			
销货单位	名　　称：北京四海有限责任公司 纳税人识别号：359291040021388 地 址、电 话：北京127号 027-54566788 开户行及账号：工行京支 0776024001469				备注	（印章：北京四海有限责任公司　发票专用章）		

第二联 抵扣联 购买方扣税凭证

收款人：　　复核：　　开票人：李小龙　　销货单位（章）：

表13－3

入库单

20××年11月13日　　　　No. 045303

供货单位：圣凯有限责任公司　　　　实际成本

编号	材料名称	规格	送验数量	实收数量	单位	单价	运杂费	金额 百	十	万	千	百	十	元	角	分
004	联想台式电脑	C246	11	11	台					2	1	9	8	9	0	0
合计									¥	2	1	9	8	9	0	0
备注：								附单据 1 张								

第二联 送会计部门

主管：　　会计：　　保管：冯军　　复核：　　验收：张志强

表13－4 中国工商银行信汇凭证（回单） 1

委托日期2013年11月13日 No. 00461255

汇款人	全　称	圣凯有限责任公司	收款人	全　称	北京四海有限责任公司
	账　号	4700022609003636668		账　号	0776024001469
	汇出地点	河北省石家庄市/县		汇入地点	省　北京市/县
汇出行名称		工行石家庄市水源支行	汇入行名称		工行京支

金额	人民币：（大写）	亿	千	百	十	万	千	百	十	元	角	分
	贰万伍仟柒佰贰拾柒元壹角叁分				¥	2	5	7	2	7	1	3

中国工商银行 石家庄水源支行 2013.11.13 转讫 汇出行签章	支付密码 附加信息及用途：**货款** 款已从你单位账户汇出 复核　　记账

此联汇出行给汇款人的回单

表14－1 河北商业企业统一发票

全国统一发票监制章 国家税务总局监制

客户名称：圣凯有限责任公司 20××年11月17日

品名规格	单位	数量	单价	金额 十	万	千	百	十	元	角	分
钢笔	支	20	18				3	6	0	0	0
稿纸	本	200	1				2	0	0	0	0
笔记本	本	80	3				2	4	0	0	0
合计（大写）：捌佰元整						¥	8	0	0	0	0

惠民商场 发票专用章

第二联 发票联

销货单位：（盖章） 开票人：李丽娟 收款人：王梅

表15－1

河北增值税专用发票（记账联）

开票日期：20××年11月18日　　记账联　　No.00187970

（全国统一发票监制章　河北　国家税务总局监制）

购货单位	名　　称：东明商贸公司 纳税人识别号：465280104013184 地 址、电 话：文化路6号　0991-2354760 开户行及账号：建行石家庄市平安分理处 4700031509002525553	密码区	7/1>>61<98>8->*5　加密版本号：01 3/9>3327867>383527567 97/>5-710079>-08/1312 440004314 *38426>>2-23/186>>49 00187967

货物及应税劳务名称	规格型号	单位	数量	单价	金额	税率	税额
联想台式电脑	C246	台	5	3 998	19 990	17%	3 398.3
联想手机	A390-S322	部	5	798	3 990	17%	678.3
合计					¥23 980		¥4 076.6
价税合计（大写）	贰万捌仟零伍拾陆元陆角				（小写）¥28 056.6		

销货单位	名　　称：圣凯有限责任公司 纳税人识别号：465280104013184 地 址、电 话：和平路101号0331-87826666 开户行及账号：工行石家庄市水源支行 4700022609003636668	备注	圣凯有限责任公司 发票专用章 税号：465280104013184

收款人：　　复核：　　开票人：冯小刚　　销货单位（章）：

第一联　记账联　销货方记账凭证

表15－2

托收凭证（受理回单）

委托日期20××年11月18日　　委托号码　第0078234号

业务类型	委托收款（☑邮划、☐电划）			托收承付（☐邮划、☐电划）			
付款人	全　称	东明商贸有限公司		收款人	全　称	圣凯有限责任公司	
	账　号	4700031509002525553			账　号	4700022609003636668	
	地　址	石家庄市	开户行：建行石家庄市平安分理处		地　址	石家庄市	开户行：工行石家庄市水源支行

金额	人民币（大写）贰万捌仟零伍拾陆元陆角	亿	千	百	十	万	千	百	十	元	角	分
					¥	2	8	0	5	6	6	0

款项内容	货款	托收凭据名称	发票	附寄单证张数	3
商品发运情况	已发			合同名称号码	
备注： 复核　　记账	款项收妥日期			收款人开户银行签章	

（中国工商银行　石家庄市水源支行　转讫）

表15－3

商品出库单

购货单位：东明商贸有限公司

20××年11月8日　　　　销字第002号

商品名称及规格	单位	数量
联想台式电脑C246	台	5
联想手机A390-S322	部	5
合　计		

第二联　会计记账

主管：　　会计：　　保管：冯磊　　复核：　　验收：张志

表 16－1　　**票据粘贴单**

票据粘贴处

票据粘贴单
年　月　日
本张金额：1 800　元
附件：　　张
报销部门：业务部
报销人：张利
报销单位：圣凯公司 负责人：
会计审查：
项目：
人民币（大写）： 壹仟捌佰元整

10Z054945　　乌站售
乌鲁木齐→石家庄　T70次
2013年11月16日　14：19开　06车21号下铺
全　价　452.00元　新空调硬座特快卧
限乘当日当次车
在6日内到有效

H033755　　石B售
石家庄→乌鲁木齐　T69次
2005年11月10日　19：24开　11车10号下铺
全　价　452.00元　新空调硬座特快卧
限乘当日当次车
在3日内到有效

乌市巴士股份有限公司（一）专线票
票价：2元　0340658
报销凭证

石家庄公交有限公司（一）专线票
票价：2元　0340259
报销凭证

乌市巴士股份有限公司（二）专线票
票价：4元　0340698
报销凭证

石家庄公交有限公司（二）专线票
票价：4元　0340563
报销凭证

表16－2　　乌鲁木齐业专用发票

单位（姓名）：圣凯有限责任公司　　发　票　联　　开票时间：20××年11月14日

服务项目	单　位	数　量	单　价	金额								
				百	十	万	千	百	十	元	角	分
住宿费	天	1	264					2	6	4	0	0
大写金额：贰佰陆拾肆元整		小写金额合计					¥	2	6	4	0	0

收款单位：（盖章）　　开票人：孙小兵

表16－3　　乌鲁木齐行政事业收费专用票据

20××年11月14日

交款单位或个人	圣凯有限责任公司	收费许可证号									200501208
收费项目名称	收费标准	金额									备　注
		百	十	万	千	百	十	元	角	分	
培训费	350					3	5	0	0	0	
金额大写	人民币叁佰伍拾元整				¥	3	5	0	0	0	

收款单位：（印章）　　开票人：张军强

表16－4　　差旅费报销单

报销部门：业务部　　20××年11月19日

姓名		张利	职务		普通工作人员	出差事由	业务培训			
出差起止日期自20××年11月2日起至20××年11月10日共9天						附单据10张				
日　期		起讫地点	差旅补助			交通费	住宿费	会务费	其他	小计
月	日		天数	标准	金额					
11	16	乌市—石家庄	7	30	210	458				
11	10	石家庄—乌市	2	30	60	458				
		合　计			¥270	¥916	¥264	¥350		¥1 800
合计人民币（大写）壹仟捌佰元整										
预领金额：2 000元			交（退）回金额　200元　　应补付金额　　元							

单位负责人：张建　　会计主管：丁宝强　　部门主管：赵江　　报销人：张利

表16－5

收　　据

20××年11月19日　　　　No. 0004283

今　收　到：张利	
交　　来：剩余差旅费（现金）	
人民币（大写）：贰佰元整	（小写）¥200.00
现金收讫　　收款单位盖章：圣凯有限责任公司 财务专用章	经收人签章：李红艳

单位主管：　　　会计：　　　出纳：李红艳　　　记账：

表17－1

中国工商银行现金存款凭条（柜面交款专用）

20××年11月19日

存款人					
存款人	全称	圣凯有限责任公司			
	账号	4700022609003636668	款项来源	预借差费剩余款	
	开户行	工行石家庄市水源支行	交款人	圣凯有限责任公司	

金额大写（币种）人民币：贰佰元整	百	十	万	千	百	十	元	角	分
				¥	2	0	0	0	0

票面	张数	金额	票面	张数	金额	
100元	1	100	5角			中国工商银行 石家庄市水源支行 现金收讫
50元	1	50	2角			
20元	2	40	1角			
10元	1	10	5分			
5元			2分			
2元			1分			
1元						复核：　收款员：赵红霞

此联由银行盖章后退回单位

会计：　　　复核：　　　记账：

表18－1

中国工商银行进账单（收账通知）　　1

20××年11月22日　　　　第23号

出票人	全　　称	东明商贸有限公司	持票人	全　　称	圣凯有限责任公司
	账　　号	4700031509002525553		账　　号	4700022609003636668
	开户银行	建行石家庄市平安分理处		开户银行	工行石家庄市水源支行

人民币（大写）：肆仟陆佰陆拾捌元叁角	千	百	十	万	千	百	十	元	角	分
				¥	4	6	6	8	3	0

票据种类	转账支票	中国工商银行 石家庄市水源支行 （转讫）
票据张数	1张	
单位主管　会计　复核　记账		持票人开户行盖章

此联是持票人开户银行交给持票人的收账通知

表 19－1　　　　　　　　　　　　招待费发票

河北服务业定额专用发票

发　票　联　　　地税

付款方名称：圣凯有限责任公司

No：01760804

肆佰元 ¥400.00

收款单位（盖章）

开票日期20××年11月24日

河北服务业定额专用发票

发　票　联　　　地税

付款方名称：圣凯有限责任公司

No：01760805

贰佰元 ¥200.00

收款单位（盖章）

开票日期20××年11月24日

河北服务业定额专用发票

发　票　联　　　地税

付款方名称：圣凯有限责任公司

No：01760806

伍拾元 ¥50.00

收款单位（盖章）

开票日期20××年11月24日

河北服务业定额专用发票

发　票　联　　　地税

付款方名称：圣凯有限责任公司

No：01760807

伍元 ¥5.00

收款单位（盖章）

开票日期20××年11月24日

表20－1　　　　　　**河北增值税专用发票（记账联）**

开票日期：20××年11月26日　　　发票联　　　No.00182583

购货单位	名称：宏海商贸有限公司 纳税人识别号：465280104000456 地址、电话：文化路1号　2655026 开户行及账号：武安建华支行 600044900652377218	密码区	7/1>>61<98>8->*5　加密版本号：01 3/9>3327867>383527567 97/>5-710079>-08/1312 440004314 *38426>>2-23/186>>49 00187967

货物及应税劳务名称	规格型号	单位	数量	单价	金额	税率	税额
联想台式电脑	C245	台	5	3 998	19 990	17%	3 398.30
联想台式电脑	C245	台	5	3 998	19 990	17%	3 398.30
联想手机	A390-S322	部	5	798	3 900	17%	678.30
合计					¥43 970		¥7 474.90
价税合计（大写）	伍万壹仟肆佰肆拾肆元玖角				（小写）¥51 444.9		

销货单位	名称：圣凯有限责任公司 纳税人识别号：465280104013184 地址、电话：和平路101号0331-87826666 开户行及账号：工行石家庄市水源支行 470002260900363668	备注	宏海商贸有限公司 发票专用章 税号：465280104000456

第一联　记账联　销货方记账凭证

收款人：　　　复核：　　　开票人：冯小刚　　　销货单位（章）：

表 20－2 **商品出库单**

购货单位：宏海商贸有限公司　　20××年 11 月 26 日 销字第 003 号

商品名称及规格	单位	数量
联想台式电脑 C246	台	5
联想台式电脑 C245	台	5
联想手机 A390－S322	部	5
合　计		15

第二联 会计记账

主管：　　会计：　　保管：冯磊　　复核：　　验收：张志

表20－3 **托收凭证（受理回单）**

委托日期20××年11月26日　　委托号码　第0078234号

业务类型	委托收款（☑邮划、☐电划）				托收承付（☐邮划、☐电划）			
付款人	全　称	宏海商贸有限公司		收款人	全　称	圣凯有限责任公司		
	账　号	600044900652377218			账　号	4700022609003636668		
	地　址	武安市	开户行	武安建华支行	地　址	石家庄市	开户行	工行石家庄市水源支行
金额	人民币：（大写）	伍万壹仟肆佰肆拾肆元玖角			亿 千 百 十 万 千 百 十 元 角 分	¥ 5 1 4 4 4 9 0		
款项内容	货款	托收凭据名称	发票			附寄单证张数	3	
商品发运情况	已发				合同名称号码			
备注： 复核　记账		款项收妥日期			收款人开户银行签章			

中国工商银行 石家庄市水源支行 转讫

表 21－1 **工资费用分配表**

20××年 11 月 30 日　　单位：元

车间、部门	应分配金额	备注
行政部门人员工资	10 000	
销售部门人员工资	15 000	
合　计	25 000	

审　核：丁宝强　　会　计：　　制　单：赵梅

表 22-1

职工福利费分配表

20××年 11 月 30 日　　　单位：元

车间、部门	计提基数	金额
行政部门人员工资	10 000	1400
销售部门人员工资	15 000	2100
合　计	25 000	3500

审　核：丁宝强　　　会　计：　　　制　单：赵梅

表 23-1

固定资产折旧计算表

20××年 11 月 30 日　　　单位：元

部门	房屋及建筑物		办公设备		合计	
	原值	折旧额	原值	折旧额	原值	折旧额
销售部门	78 762	3 000	10 206	288		
行政部门	250 000	3 000	35 000	500		
合　计	328 762	6 000	45 206	788		

审　核：丁宝强　　　会　计：　　　制　单：赵梅

表 24-1

银行借款利息计提表

20××年 11 月 30 日　　　单位：元

贷款银行	借款种类	计息基数	利率	本月应计利息	备注
石家庄市工行新华分理处	短期借款	60 000	6%	300	
合　计				300	

审　核：丁宝强　　　会　计：　　　制　单：赵梅

表 25-1

城市维护建设税及教育费附加计算表

20××年 11 月 30 日　　　单位：元

计税依据	城市维护建设税		教育费附加	
	税率	金额	税率	金额
9512.35	7%	665.86	3%	285.37
合　计		￥665.86		￥285.37

审　核：丁宝强　　　会　计：　　　制　单：

表 26-1

11 月损益类账户资料表

20××年 11 月 30 日　　单位：元

收入类账户	发生额	支出类账户	发生额
主营业务收入			
投资收益			
其他业务收入			
营业外收入			
合　计			
11 月利润总额			

审　核：丁宝强　　会　计：　　制　单：

表 27-1

11 月所得税计算表

20××年 11 月 30 日　　单位：元

项　目	计算依据	税　率	税　额	备注
应交所得税	6 717.77	25%	1 679.4425	假设不考虑纳税调整事项
合计				

审　核：丁宝强　　会　计：　　制　单：

表 27-2

所得税结转单

20××年 11 月 30 日　　单位：元

项目	科　目	金　额
应借科目		
应贷科目		

审　核：丁宝强　　会　计：　　制　单：

二、2013年12月经济业务票据

表1－1　　　　　　　　**收　　据**

20××年12月1日　　　　　　No.0004281

今　收　到：张北有限公司	
交　　　来：投资款	
人民币（大写）：壹拾伍万元整	（小写）¥150 000.00
收款单位盖章：（圣凯有限责任公司 财务专用章）	经收人签章：李红

单位主管　　　　会计　　　　出纳：李红　　　　记账

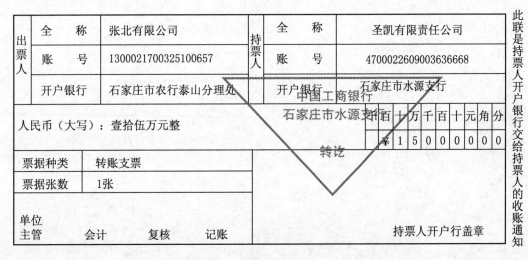

表1－2　　　　**中国工商银行进账单（收账通知）　1**

20××年12月1日　　　　　　第31号

出票人	全　　称	张北有限公司	持票人	全　　称	圣凯有限责任公司
	账　　号	1300021700325100657		账　　号	4700022609003636668
	开户银行	石家庄市农行泰山分理处		开户银行	石家庄市水源支行

人民币（大写）：壹拾伍万元整	千	百	十	万	千	百	十	元	角	分
		¥	1	5	0	0	0	0	0	0

票据种类	转账支票	（中国工商银行 石家庄市水源支行 转讫）
票据张数	1张	
单位主管　　会计　　复核　　记账		持票人开户行盖章

此联是持票人开户银行交给持票人的收账通知

表2－1 **中国工商银行进账单（收账通知）** **1**

20××年12月2日 第21号

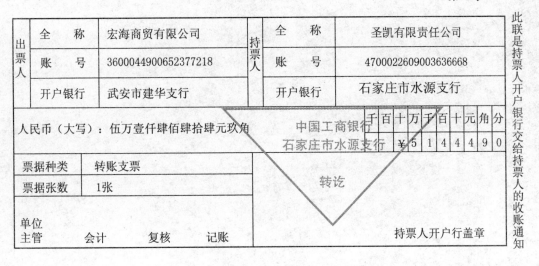

出票人	全　　称	宏海商贸有限公司	持票人	全　　称	圣凯有限责任公司
	账　　号	360004490065237 7218		账　　号	4700022609003636668
	开户银行	武安市建华支行		开户银行	石家庄市水源支行

人民币（大写）：伍万壹仟肆佰肆拾肆元玖角	千	百	十	万	千	百	十	元	角	分
			¥	5	1	4	4	4	9	0

票据种类	转账支票	持票人开户行盖章
票据张数	1张	
单位 主管　会计　复核　记账		

中国工商银行
石家庄市水源支行
转讫

此联是持票人开户银行交给持票人的收账通知

表3－1 **中国工商银行（短期借款）借款凭证（回单）④**

20××年12月3日 银行编号：3040126

名　　称	圣凯有限责任公司	借款单位	名　　称	圣凯有限责任公司
往来账户	4700022609003636668		放款账户	4700022609003636668
开户银行	石家庄市和平路101号 0331-87826666		开户银行	石家庄市水源支行
还款期限	3个月	利率 4%	起息日期	20××.12.3

申请金额	人民币（大写）：叁万元整		亿	千	百	十	万	千	百	十	元	角	分
借款原因 用　　途	周转贷款	银行核定金额				¥	3	0	0	0	0	0	0

备注：	期限	计划还款	计划还款金额
	上述借款业已同意贷给并转入你单位往来账户，借款到期时应按期归还。　此致 借款单位 （银行盖章）　20××年12月3日		

中国工商银行
石家庄市水源支行
转讫

表 4－1　　　　　　　　　　　**支票存根 01447454**

中国工商银行现金支票存根

支票号码：01447454

附加信息：

出票日期　20××年12月3日

收款人：圣凯有限责任公司	
金　额：¥1 000.00	
用　途：备用金	

单位主管　　　　　　　　会计

本支票付款期限十天

表5－1　　　　　　　　**北京市增值税专用发票（发票联）**

全国统一发票监制章　国家税务总局监制

发 票 联

开票日期：20××年12月4日　　　　　　　　　　No.00180239

购货单位	名　称：圣凯有限责任公司 纳税人识别号：140107719850887 地 址、电 话：和平路101号0331-87826666 开户行及账号：工行石家庄市水源支行 4700022609003636668	密码区	4<0/0*31*6<2+7703+6 01 /1-1-09881019>990/0+8 6845/3<0211+-+0191312 440004314 4<0676->>2-23/186>>-1 00180234	加密版本号：

货物及应税劳务名称	规格型号	单位	数量	单价	金额	税率	税额
联想台式电脑	C246	台	10	1 999	19 990	17%	3 398.30
合计					¥19 990		¥3 398.30
价税合计（大写）	贰万叁仟叁佰捌拾捌元叁角			（小写）¥23 388.30			

销货单位	名　称：北京四海有限责任公司 纳税人识别号：359291040021388 地 址、电 话：北京127号 027-54566788 开户行及账号：工行京支　0776024001469	备注	北京四海有限责任公司 发票专用章 税号：359291040021388

收款人：　　　　复核：　　　　开票人：李燕　　　　销货单位（章）：

第三联　发票联　购货方记账凭证

表5－2　　　　　　北京市增值税专用发票（抵扣联）

开票日期：20××年12月4日　　　　抵扣联　　　　No. 00180239

购货单位	名　　称：圣凯有限责任公司 纳税人识别号：140107719850887 地 址、电 话：和平路101号0331-87826666 开户行及账号：工行石家庄市水源支行 4700022609003636668			密码区	4<0/0*31*6<2+7703+6 01 /1-1-09881019>990/0+8 6845/3<0211+-+0191312 440004314 4<0676->>2-23/186>>-1 00180234	加密版本号：		
货物及应税劳务名称	规格型号	单位	数量	单价	金额	税率	税额	
联想台式电脑	C246	台	10	1 999	19 990	17%	3 398.30	
合计					¥19 990		¥3 398.30	
价税合计（大写）	贰万叁仟叁佰捌拾捌元叁角			（小写）¥23 388.30				
销货单位	名　　称：北京四海有限责任公司 纳税人识别号：359291040021388 地 址、电 话：北京127号 027-54566788 开户行及账号：工行京支　0776024001469			备注	北京四海有限责任公司 发票专用章 税号：359291040021388			

收款人：　　　　复核：　　　　开票人：李燕　　　　销货单位（章）：

第二联　抵扣联　购货方扣税凭证

表5－3　　　　　　入库单

20××年12月4日　　　　No. 045307

供货单位：北京四海有限责任公司						实际成本											
编号	商品名称	规格	送验数量	实收数量	单位	单价	运杂费	金额									
								百	十	万	千	百	十	元	角	分	
001	联想台式电脑	C246	10	10	台	1 999				1	9	9	9	0	0	0	
合计									¥	1	9	9	9	0	0	0	
备注：								附单据　张									

主管：　　　　会计：　　　　保管：冯军　　　　复核　　　　验收：张志

第二联　送会计部门

表5－4 中国工商银行电汇凭证（回单） 1

☑普通 □加急 委托日期2013年12月4日 No. 00325896

汇款人	全 称	圣凯有限责任公司	收款人	全 称	北京四海有限责任公司
	账 号	4700022609003636668		账 号	0776024001469
	汇出地点	河北省石家庄市/县		汇入地点	省 北京市/县
汇出行名称		工行友谊支行	工行石家庄市水源支行		工行京支
金额	人民币（大写）	贰万叁仟叁佰捌拾捌元叁角			

亿	千	百	十	万	千	百	十	元	角	分
			¥	2	3	3	8	8	0	0

中国工商银行
石家庄水源支行
2013.12.4
转讫

汇出行签章

支付密码

附加信息及用途：

款已从你单位账户汇出

复核 记账

此联汇出行给汇款人的回单

表6－1 北京市增值税专用发票（发票联）

全国统一发票监制章 北京市 国家税务总局监制

开票日期：20××年12月5日 发 票 联 No. 00187966

购货单位	名 称：圣凯有限责任公司 纳税人识别号：140107719850887 地 址、电 话：和平路101号0331-87826666 开户行及账号：工行石家庄市水源支行 4700022609003636668	密码区	*73-+54477865*+-/98 加密版本号：01 //-275+6*94>4+6310052 4//563<0217+-+019>302 400004100 3<0602->>2/4>>4/>>>0 00187966

货物及应税劳务名称	规格型号	单位	数量	单价	金额	税率	税额
联想手机	A390-S322	部	5	500	2 750	17%	467.50
合计					¥2 750		¥467.50
价税合计（大写）	叁仟贰佰壹拾柒元伍角				（小写）¥3 217.50		

销货单位	名 称：北京四海有限责任公司 纳税人识别号：359291040021388 地 址、电 话：北京127号 027-54566788 开户行及账号：工行京支 0776024001469	备注	北京四海有限责任公司 发票专用章 税号：465280104023489

收款人： 复核： 开票人：唐杰 销货单位（章）：

第三联 抵扣联 购货方记账凭证

表6－2　　北京市增值税专用发票（抵扣联）

全国统一发票监制章 国家税务总局监制 北京市

抵扣联

开票日期：20××年12月5日　　　　No.00187966

购货单位		密码区	
购货单位	名　称：圣凯有限责任公司 纳税人识别号：140107719850887 地 址、电 话：和平路101号　0331-87826666 开户行及账号：工行石家庄市水源支行 470002260900363668	密码区	*73-+54477865*+-/98　加密版本号：01 //-275+6*94>4+6310052 4//563<0217+-+019>302 400004100 3<0602->>2/4>>4/>>>0 00187966

货物及应税劳务名称	规格型号	单位	数量	单价	金额	税率	税额
联想手机	A390-S322	部	5	500	2 750	17%	467.50
合计					¥2 750		¥467.50
价税合计（大写）	叁仟贰佰壹拾柒元伍角			（小写）¥3 217.50			

销货单位		备注	
销货单位	名　称：北京四海有限责任公司 纳税人识别号：359291040021388 地 址、电 话：北京127号　027-54566788 开户行及账号：工行京支　0776024001469	备注	北京四海有限责任公司 发票专用章 税号：465280104023489

收款人：　　复核：　　开票人：唐杰　　销货单位（章）：

第二联　抵扣联　购货方扣税凭证

表7－1　　河北省增值税专用发票（记账联）

全国统一发票监制章 国家税务总局监制 河北

记账联

开票日期：20××年12月5日　　　　No.00187967

购货单位		密码区	
购货单位	名　称：东明商贸有限公司 纳税人识别号：465280104013184 地 址、电 话：文化路6号　0991-2354760 开户行及账号：建行石家庄市长安分理处 470003150900252553	密码区	7/1>>61<98>8->*5　加密版本号：01 3/9>3327867>383527567 97/>5-710079>-08/1312 440004314 *38426>>2-23/186>>49 00187967

货物及应税劳务名称	规格型号	单位	数量	单价	金额	税率	税额
联想台式电脑	C246	台	10	4098	40 980	17%	6 966.60
合计					¥40 980		¥6 966.60
价税合计（大写）	肆万柒仟玖佰肆拾陆元陆角			（小写）¥47 946.60			

销货单位		备注	
销货单位	名　称：圣凯有限责任公司 纳税人识别号：140107719850887 地 址、电 话：和平路101号　0331-8782666 开户行及账号：工行石家庄市水源支行 470002260900363668	备注	圣凯有限责任公司 发票专用章 税号：465280104013184

收款人：　　复核：　　开票人：冯小刚　　销货单位（章）：

第一联　记账联　销货方记账凭证

表7－2

商业承兑汇票

签发日期　　20××年12月5日　　第21号

<table>
<tr><td rowspan="3">付款人</td><td>全　称</td><td colspan="3">东明商贸有限公司</td><td rowspan="3">收款人</td><td>全　称</td><td colspan="3">圣凯有限责任公司</td></tr>
<tr><td>账　号</td><td colspan="3">4700031509002525553</td><td>账　号</td><td colspan="3">4700022609003636668</td></tr>
<tr><td>开户银行</td><td>建行石家庄市长安分理处</td><td>行号</td><td></td><td>开户银行</td><td>石家庄市水源支行</td><td>行号</td><td></td></tr>
<tr><td colspan="2">汇票金额</td><td colspan="6">人民币（大写）肆万柒仟玖佰肆拾陆元陆角</td><td colspan="2">千 百 十 万 千 百 十 元 角 分
¥ 4 7 9 4 6 6 0</td></tr>
<tr><td colspan="2">汇票到期日</td><td colspan="3">20××年2月4日</td><td colspan="3">交易合同号码</td><td colspan="2"></td></tr>
<tr><td colspan="5">本汇票已经本单位承兑，到期日无条件支付票款。
此致
收款人
（东明商贸有限公司 财务专用章）
付款人盖章
负责：杜荣华　经办：李强　20××年12月5日</td><td colspan="5">（东明商贸有限公司 财务专用章）
汇票签发人盖章
负责：杜荣华　经办：李强</td></tr>
</table>

表7－3

商品出库单

购货单位：东明商贸有限公司

20××年12月5日　　销字第009号

商品名称及规格	单位	数量
联想台式电脑C46	台	10
合　计		10

第二联　会计记账

表8－1

借款单

20××年12月5日

<table>
<tr><td colspan="6">借款部门或姓名：王真</td></tr>
<tr><td colspan="6">借款事由：出差　　现金付讫</td></tr>
<tr><td colspan="6">共需天数：一个月</td></tr>
<tr><td colspan="6">借款金额（人民币大写）：壹仟元整　　（小写）¥1 000.00</td></tr>
<tr><td>领导批示</td><td>同意
张建</td><td>财务负责人</td><td>同意
丁宝强</td><td>借款人签章</td><td>王真</td></tr>
</table>

表 9－1 支票存根 01447368

中国工商银行转账支票存根

支票号码：01447368

附加信息：

中国财险昌吉分公司 收费专用章

出票日期 20××年12月6日

收款人：	中国财险石家庄分公司
金　额：	¥12 000.00
用　途：	预付下年度保险费

单位主管　　会计

本支票付款期限十天

表9－2 中国财产保险股份有限公司石家庄分公司保险费专用发票

20××年12月6日　　No. 0001310

投保人	险种	保险金额	保险费率	保险费	备注
圣凯有限责任公司	财产险	12 000 000.00	1‰	12 000.00	预付下年度保险费
合计人民币（大写）：壹万贰仟元整				¥12 000.00	

中国财险昌吉分公司 收费专用章

复核：黄同　　经办：金明学　　业务员：陈兵　　单位：（盖章）

表10－1 **北京市增值税专用发票（发票联）**

全国统一发票监制章 国家税务总局监制

发票联

开票日期：20××年12月6日 No.02548215

购货单位	名　　称：圣凯有限责任公司 纳税人识别号：140107719850887 地 址、电 话：和平路101号0331-87826666 开户行及账号：工行石家庄市水源支行 4700022609003636668	密码区	*73-+54477865*+-/98 加密版本号：01 //-275+6*94>4+6310052 4//563<0217+-+019>302 400004100 3<0602->>2/4>>4/>>>0 00187966

货物及应税劳务名称	规格型号	单位	数量	单价	金额	税率	税额
联想中式电脑	C246	台	5	1 898	9 490	17%	1 613.30
联想手机	A390-S322	部	5	598	2 990	17%	508.30
合计					¥12 480		¥2 121.60
价税合计（大写）	壹万肆仟陆佰零壹元陆角			（小写）¥14 601.60			

销货单位	名　　称：北京四海有限责任公司 纳税人识别号：359291040021388 地 址、电 话：北京127号 027-54566788 开户行及账号：工行京支　0776024001469	备注	北京四海有限责任公司 财务专用章

收款人：　　复核：　　开票人：李小龙　　销货单位（章）：

第三联 发票联 购货方记账凭证

表10－2 **北京市增值税专用发票（抵扣联）**

全国统一发票监制章 国家税务总局监制

抵扣联

开票日期：20××年12月6日 No.02548215

购货单位	名　　称：圣凯有限责任公司 纳税人识别号：140107719850887 地 址、电 话：和平路101号　0331-87826666 开户行及账号：工行石家庄市水源支行 4700022609003636668	密码区	*73-+54477865*+-/98 加密版本号：01 //-275+6*94>4+6310052 4//563<0217+-+019>302 400004100 3<0602->>2/4>>4/>>>0 00187966

货物及应税劳务名称	规格型号	单位	数量	单价	金额	税率	税额
联想中式电脑	C246	台	5	1 898	9 490	17%	1 613.30
联想手机	A390-S322	部	5	598	2 990		508.30
合计					¥12 480		¥2121.60
价税合计（大写）	壹万肆仟陆佰零壹元陆角			（小写）¥14 601.60			

销货单位	名　　称：北京四海有限责任公司 纳税人识别号：359291040021388 地 址、电 话：北京127号 027-54566788 开户行及账号：工行京支　0776024001469	备注	北京四海有限责任公司 发票专用章

收款人：　　复核：　　开票人：李小龙　　销货单位（章）：

第二联 抵扣联 购货方扣税凭证

表10－3 入库单

20××年12月6日 No. 045303

供货单位：北京四海有限责任公司								实际成本								
编号	商品名称	规格	送验数量	实收数量	单位	单价	运杂费	金额								
								百	十	万	千	百	十	元	角	分
004	联想台式电脑	C246	5	5	台	1 898					9	4	9	0	0	0
	联想手机	A390-S322	5	5	部	598					2	9	9	0	0	0
合计									¥	1	2	4	8	0	0	0
备注：								附单据 1 张								

第二联 送会计部门

主管： 会计： 保管：冯军 复核 验收：张志强

表10－4 商业承兑汇票

签发日期 20××年12月5日 第11号

付款人	全称	圣凯有限责任公司	收款人	全称	北京四海有限公司
	账号	4700022609003636668		账号	0776024001469
	开户银行	石家庄市水源支行　行号		开户银行	工行京支　行号
汇票金额	人民币（大写）：壹万肆仟陆佰零壹元陆角				千 百 十 万 千 百 十 元 角 分 ¥ 1 4 6 0 1 6 0
汇票到期日	20××年3月5日		交易合同号码		
汇票已经本单位承兑，到期日无条件支付票款。 此致 收款人 付款人盖章 负责：杜荣华 经办：李强 20××年12月6日			汇票签发人盖章 负责：杜荣华 经办：李强		

（印章：圣凯有限责任公司 财务专用章 税号：465280104013184）

（印章：圣凯有限责任公司 财务专用章 税号：465280104013184）

表11－1

中国工商银行电汇凭证（回单） 1

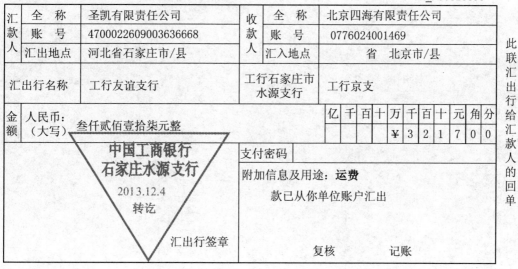

☑普通 □加急 委托日期2013年12月6日 No. 00325896

汇款人	全　称	圣凯有限责任公司	收款人	全　称	北京四海有限责任公司
	账　号	4700022609003636668		账　号	0776024001469
	汇出地点	河北省石家庄市/县		汇入地点	省 北京市/县
汇出行名称		工行友谊支行	工行石家庄市水源支行		工行京支

金额	人民币：（大写）叁仟贰佰壹拾柒元整	亿	千	百	十	万	千	百	十	元	角	分
						¥	3	2	1	7	0	0

汇出行签章	支付密码
	附加信息及用途：**运费** 款已从你单位账户汇出 复核　　记账

中国工商银行
石家庄水源支行
2013.12.4
转讫

此联汇出行给汇款人的回单

表11－2

入 库 单

20××年12月6日 No. 045303

供货单位：北京四海有限责任公司								实际成本								
编号	商品名称	规格	送验数量	实收数量	单位	单价	运杂费	金额								
								百	十	万	千	百	十	元	角	分
004	联想手机	S390-S322	5	5	台	550					2	7	5	0	0	0
合　计										¥	2	7	5	0	0	0
备　注：								附单据 1 张								

主管：　会计：　保管：冯磊　复核：　验收：张志强

第二联 送会计部门

表12－1

收　据

20××年12月7日 No. 0015013

今　收　到：圣凯有限责任公司
交　　来：预付货款
人民币（大写）：叁仟元整　　¥3 000.00
收款单位盖章：　　经收人签章：王万州

北京四海有限责任公司
财务专用章

单位主管：　会计：　出纳：海江　记账：

表12－2　　中国工商银行信汇凭证（回单）　1

委托日期2013年12月7日　　No. 00461255

汇款人	全　称	圣凯有限责任公司	收款人	全　称	北京四海有限责任公司
	账　号	4700022609003636668		账　号	0776024001469
	汇出地点	河北省石家庄市/县		汇入地点	省　北京市/县
汇出行名称		工行石家庄市水源支行	汇入行名称		工行京支

金额	人民币：（大写）	亿	千	百	十	万	千	百	十	元	角	分
	叁仟元整					¥	3	0	0	0	0	0

中国工商银行石家庄水源支行　2013.12.7　转讫

支付密码

附加信息及用途：**货款**

款已从你单位账户汇出

汇出行签章　　复核　　记账

此联是汇出行给汇款人的回单

表13－1　　**石家庄市广告业专用发票**

客户名称：圣凯有限责任公司　　20××年12月9日　　No. 0056384

全国统一发票监制章　河北　国家税务总局监制

项　目	单　位	数　量	单　价	金额 十	万	千	百	十	元	角	分
广告费	次	1	2 000			2	0	0	0	0	0
					¥	2	0	0	0	0	
合计人民币（大写）：贰仟元整				¥2 000.00							

石家庄市创意广告有限公司　发票专用章　税号：465280105203876

单位：（盖章）　　开票人：胡玉青

表 13－2　**支票存根 01447477**

中国工商银行转账支票存根

支票号码：01447477

附加信息：

出票日期 20××年12月9日

收款人：石家庄市创意广告有限公司

金　额：¥2 000.00

用　途：支付广告费

单位主管　　会计

本支票付款期限十天

表 14－1　**支票存根 01447478**

中国工商银行转账支票存根

支票号码：01447478

附加信息：

出票日期 20××年12月10日

收款人：圣凯有限责任公司

金　额：¥25 000.00

用　途：工资

单位主管　　会计

本支票付款期限十天

表 14－2　　20××年 12 月工资发放表　　单位：元

序号	姓名	岗位工资	奖金	应发工资	扣款	实发
1	张建军	3 000	2 000	5 000	略	5 000
2	王磊	800	400	840		1 000
3	张燕	1 200	500	1 700		1 700
4	刘强	1 500	800	2 300		2 300
…	……	…	…	…	…	
102	赵小兵	750	300	1 050		5 000
合计		15 000	11 000	25 000		25 000

表14－3　　企业人员工资代发凭证

单位代码：SB010502049　　单位名称：圣凯有限责任公司

打印日期：20××.12.10　　单位：元

中国工商银行
石家庄市水源支行
业务清讫

工资款项	职工人数	岗位工资	奖金	应发工资	扣款	实发
合计	12	15 000	10 000	25 000		25 000

表15－1　　中华人民共和国　　地

国家税务总局
税收
票证监制章

隶属关系：县级市　　税收缴款书　　新地缴电20050254362号

注册类型：其他有限责任公司　填发日期：20××年12月10日　征收机关：石家庄市地税局

缴款单位	代码	265230101090615	预算科目	编码	7003教育费附加
	全称	圣凯有限责任公司		款项	教育费附加
	开户银行	石家庄市水源支行		级次	县（市）级
	账号	4700022609003636668	收缴国库		石家庄市支库

税款所属时期20××年12月10日　　税款限缴日期20××年12月10日

品目名称	课税数量	计税金额或销售收入	税率或单位税额	已缴或扣除额	实缴金额
教育费附加		8 612.33	3%		258.37

金额合计（大写）：贰佰伍拾捌元叁角柒分　　（小写）¥258.37

圣凯有限责任公司 财务专用章　　石家庄市地方税务局 征税专用章　　中国工商银行 石家庄市水源支行

经办人：张文明　　填票人：刘玉萍　　上列款项已核收记入收款单位账户 国库（银行）盖章　　备注

第一联收据回库收款盖章后退缴款单位作完税凭证

表15－2 中华人民共和国 地

隶属关系：县级市 **税收缴款书** 新地缴电20050254364号

注册类型：其他有限责任公司 填发日期：20××年12月10日 征收机关：石家庄市地税局

缴款单位	代 码	265230101090615	预算科目	编码	1003城市建设维护税
	全 称	圣凯有限责任公司		款项	城市建设维护税
	开户银行	石家庄市水源支行		级次	县（市）级
	账 号	4700022609003636668	收缴国库		石家庄市支库

税款所属时期20××年12月10日			税款限缴日期20××年12月10日		
品目名称	课税数量	计税金额或销售收入	税率或单位税额	已缴或扣除额	实缴金额
城市建设维护税			7%		665.86
金额合计（大写）：陆佰陆拾伍元捌角陆分					（小写）¥665.86
财务专用章 经办人：张文明	征税专用章 填票人：刘玉萍	上列款项已核收记入收款单位账户 国库（银行）盖章			备注

表15－3 中华人民共和国 国

隶属关系：县级市 **税收缴款书** 新地缴电20050254364号

注册类型：其他有限责任公司 填发日期：20××年12月10日 征收机关：石家庄市地税局

缴款单位	代 码	265230101090615	预算科目	编码	0101国内增值税
	全 称	圣凯有限责任公司		款项	增值税
	开户银行	石家庄市水源支行		级次	县（市）级
	账 号	4700022609003636668	收缴国库		石家庄市支库

税款所属时期20××年12月10日			税款限缴日期20××年12月10日		
品目名称	课税数量	计税金额或销售收入	税率或单位税额	已缴或扣除额	实缴金额
增值税			17%	17 000	9 512.35
金额合计（大写）：玖仟伍佰壹拾贰元叁角伍分					（小写）¥9 512.35
财务专用章 经办人：张文明	征税专用章 填票人：刘玉萍	上列款项已核收记入收款单位账户 国库（银行）盖章			备注

表15－4　　中华人民共和国　　国

隶属关系：县级市　　**税收缴款书**　　新地缴电20050254367号

注册类型：其他有限责任公司　填发日期：20××年12月10日　征收机关：石家庄市国税局

缴款单位	代码	265230101090615	预算科目	编码	0483企业所得税
	全称	圣凯有限责任公司		款项	企业所得税
	开户银行	石家庄市水源支行		级次	县（市）级
	账号	47000226090036366668	收缴国库		石家庄市支库

税款所属时期20××年12月10日			税款限缴日期20××年12月10日		
品目名称	课税数量	计税金额或销售收入	税率或单位税额	已缴或扣除额	实缴金额
增值税			25%		1 679.44
金额合计（大写）壹仟陆佰柒拾玖元肆角肆分					（小写）¥1 679.44
经办人：张文明	填票人：刘玉萍	上列款项已核收记入收款单位账户 国库（银行）盖章			备注

表16－1　　**河北省增值税专用发票（记账联）**

开票日期：20××年12月12日　　记账联　　No. 00187969

购货单位	名　称：宏海商贸有限公司 纳税人识别号：465280014000456 地 址、电 话：文化路1号　2655026 开户行及账号：武安建华支行 600044900652377218			密码区	4/0>>65<97>8-+*7 加密版本号：01 //1>3320100>383//1023 *7//>5-70012>-07//1303 440004308 *38//6>>2-25//80>>>9 00187969			
货物及应税劳务名称	规格型号	单位	数量	单价	金额	税率	税额	
电费	C246	台	5	898	4 490	17%	763.30	
合计					¥4 490		¥763.30	
价税合计（大写）	伍仟贰佰伍拾叁元叁角				（小写）¥5 253.30			
销货单位	名　称：圣凯有限责任公司 纳税人识别号：140107719850887 地 址、电 话：和平路101号0331-87826666 开户行及账号：石家庄市水源支行 47000226090036366668			备注	圣凯有限责任公司 发票专用章 税号：465280104013184			

第一联　记账联　销货方记账凭证

收款人：　　复核：　　开票人：冯小刚　　销货单位（章）：

表 16－2 支票 01447479

中国工商银行转账支票存根
支票号码：01447479
附加信息：
出票日期 20××年12月12日
收款人：圣凯有限责任公司
金　额：¥5 253.30
用　途：货款
单位主管　　　　会计

本支票付款期限十天

表 16－3 **商品出库单**

购货单位：宏海商贸有限公司　　　20××年 12 月 12 日　　　错字第 010 号

商品名称及规格	单位	数量
联想台式电脑 C246	台	5
合　计		5

第二联会计记账

表17－1 **河北省增值税专用发票（发票联）**

开票日期：20××年12月12日　　发　票　联　　No. 02548215

（全国统一发票监制章　河北　国家税务总局监制）

购货单位	名　　称：圣凯有限责任公司 纳税人识别号：140107719850887 地 址、电 话：和平路101号　0331-87826666 开户行及账号：工行石家庄市水源支行 4700022609003636668	密码区	*73-+54477865*+-/98　加密版本号：01 //-275+6*94>4+6310052 4//563<0217+-+019>302 400004100 3<0602->>2/4>>4/>>>0 00187966

货物及应税劳务名称	规格型号	单位	数量	单价	金额	税率	税额
电费		度	1 500	2	3 000	17%	510
合计					¥3 000		¥510
价税合计（大写）	叁仟伍佰壹拾元整				（小写）¥3 510		

销货单位	名　　称：石家庄市供电局 纳税人识别号：639291040021352 地 址、电 话：中华大街127号 027-54566788 开户行及账号：工行分支　0776024001469	备注	（石家庄市供电局 财务专用章）

收款人：　　复核：　　开票人：李小龙　　销货单位（章）：

第三联　发票联　购买方记账凭证

表17－2 **河北省增值税专用发票（抵扣联）**

开票日期：20××年12月12日　　抵　扣　联　　No. 02548215

（全国统一发票监制章　河北　国家税务总局监制）

购货单位	名　　称：圣凯有限责任公司 纳税人识别号：140107719850887 地 址、电 话：和平路101号　0331-87826666 开户行及账号：工行石家庄市水源支行 4700022609003636668	密码区	*73-+54477865*+-/98　加密版本号：01 //-275+6*94>4+6310052 4//563<0217+-+019>302 400004100 3<0602->>2/4>>4/>>>0 00187966

货物及应税劳务名称	规格型号	单位	数量	单价	金额	税率	税额
电费		度	1 500	2	3 000	17%	510
合计					¥3 000		¥510
价税合计（大写）	叁仟伍佰壹拾元整				（小写）¥3 510		

销货单位	名　　称：石家庄市供电局 纳税人识别号：639291040021352 地 址、电 话：中华大街127号 027-54566788 开户行及账号：工行分支　0776024001469	备注	（石家庄市供电局 财务专用章）

收款人：　　复核：　　开票人：李小龙　　销货单位（章）：

第二联　抵扣联　购买方扣税凭证

表 17－3　　　　　　　　　　　　支票存根 01447374

中国工商银行转账支票存根
支票号码：01447374
附加信息：
出票日期　20××年12月12日
收款人：石家庄市供电局
金　额：¥3 510.00
用　途：支付电费
单位主管　　　　会计

本支票付款期限十天

表18－1　　　　　　　　河北省增值税专用发票（发票联）

开票日期：20××年12月13日　　　发票联　　　No. 00186573

全国统一发票监制章 河北 国家税务总局监制

购货单位	名称：圣凯有限责任公司 纳税人识别号：140107719850887 地址、电话：和平路101号　0331-87826666 开户行及账号：工行石家庄市水源支行 4700022609003636668			密码区	21//8>>08<9>>0+*7 加密版本号：01 5/1>3321278>32//2078 *9//>3-+12>>>-08//0015 440004320 12///-6>>2-25//18>>-1 00186573		
货物及应税劳务名称	规格型号	单位	数量	单价	金额	税率	税额
水		m³	500	4	2 000	13%	260
合计					¥2 000		¥260
价税合计（大写）	贰仟贰佰陆拾元整			（小写）¥2 260			
销货单位	名称：石家庄市自来水公司 纳税人识别号：465280105201268 地址、电话：宁安路15号　0331-78754061 开户行及账号：农行石支 2500033800012425563			备注	石家庄市自来水公司 发票专用章 税号：465280105201268		

收款人：　　　复核：　　　开票人：张建江　　　销货单位（章）：

第三联　发票联　购货方记账凭证

表18－2 **河北省增值税专用发票（抵扣联）**

开票日期：20××年12月13日　　抵扣联　　No.00186573

购货单位	名　　　称：圣凯有限责任公司 纳税人识别号：140107719850887 地 址、电 话：和平路101号　0331-87826666 开户行及账号：工行石家庄市水源支行 4700022609003636668			密码区	21//8>>08<9>>0+*7 加密版本号：01 5/1>3321278>32//2078 *9//>3-+12>>>-08//0015 440004320 12///-6>>2-25//18>>-1 00186573		
货物及应税劳务名称	规格型号	单位	数量	单价	金额	税率	税额
水		m³	500	4	2 000	13%	260
合计					¥2 000		¥260
价税合计（大写）	贰仟贰佰陆拾元整				（小写）¥2 260		
销货单位	名　　　称：石家庄市自来水公司 纳税人识别号：465280105201268 地 址、电 话：宁安路15号　0331-78754061 开户行及账号：农行石支 2500033800012425563			备注	石家庄市自来水公司 发票专用章 税号：465280105201268		

第二联 抵扣联 购货方扣税凭证

收款人：　　复核：　　开票人：张建江　　销货单位（章）：

表 18－3 **支票存根 01447374**

中国工商银行转账支票存根
支票号码：01447374
附加信息：
出票日期 20××年12月13日
收款人：石家庄自来水公司
金　额：¥2 260.00
用　途：支付水费
单位主管　　　会计

本支票付款期限十天

表 19-1　　　　票据粘贴单

票据粘贴处	票据粘贴单 年　月　日
	本张金额：1200　　元
	附件：　　　张
	报销部门：业务部
	报销人：王真
	报销单位：圣凯有限责任公司 负责人：
	会计审查：
	项目：
	人民币（大写）：壹仟贰佰元整

10Z054945　　石售
石家庄 ——► 上海　　T70次
2005年12月2日　14：19开　06车21号下铺
全　价　287.00元　新空调硬座特快卧
限乘当日当次车
在6日内到有效

H033755　　沪售
上海 ——► 石家庄　　T69次
2005年12月8日　19：24开　11车10号下铺
全　价　287.00元　新空调硬座特快卧
限乘当日当次车
在3日内到有效

上海巴士股份有限公司（一）专线票
票价：2元　　095030
报销凭证

上海巴士股份有限公司（一）专线票
票价：2元　　0950789
报销凭证

上海巴士股份有限公司（一）专线票
票价：2元　　0340658
报销凭证

上海巴士股份有限公司（一）专线票
票价：2元　　0340259
报销凭证

上海巴士股份有限公司（二）专线票
票价：4元　　0340698
报销凭证

上海巴士股份有限公司（二）专线票
票价：4元　　0340563
报销凭证

表19－2

上海市服务业专用发票

发 票 联

单位（姓名）：圣凯有限责任公司　　　　开票时间：2013年12月13日

服务项目	单位	数量	单价	金额								
				百	十	万	千	百	十	元	角	分
住宿费	天	4	65					2	6	0	0	0
小写金额合计							¥	2	6	0	0	0
大写金额：贰佰陆拾元整												

收款单位：（印章）　　　　开票人：孙小兵

表19－3

上海市行政事业性收费专用票据

2013年12月13日

交款单位或个人	圣凯有限责任公司	收费许可证号									200501208
收费项目名称	收费标准	金额									备注
		百	十	万	千	百	十	元	角	分	
培训费	350					3	5	0	0	0	
金额大写	人民币叁佰伍拾元整				¥	3	5	0	0	0	

收款单位：（印章）　　　　开票人：张军强

表19－4

差 旅 费 报 销 单

报销部门：业务部　　　　20××年12月31日

姓名		王真	职务		普通工作人员	出差事由		业务培训		
出差起止日期自20××年12月4日起至20××年12月13日共9天								附单据10张		
日期		起讫地点	差旅补助			交通费	住宿费	会务费	其他	小计
月	日		天数	标准	金额					
12	4	石市—上海	6	30						
12	13	上海—石市	3	30						
		合　计								
合计人民币（大写）：壹仟肆佰柒拾元整										
预领金额：1000元			交（退）回金额　　元　　应补付金额470　元							

单位负责人：张建　　会计主管：丁宝强　　部门主管：赵江　　报销人：王真

表20－1 **北京市增值税专用发票（发票联）**

开票日期：20××年12月14日　　发 票 联　　No. 02548215

全国统一发票监制章 北京市 国家税务总局监制

购货单位	名　　称：圣凯有限责任公司 纳税人识别号：140107719850887 地 址、电 话：和平路101号0331-87826666 开户行及账号：工行石家庄市水源支行 4700022609003636668	密码区	*73-+54477865*+-/98 加密版本号：01 //-275+6*94>4+6310052 4//563<0217+-+019>302 400004100 3<0602->>2/4>>4/>>>0 00187966

货物及应税劳务名称	规格型号	单位	数量	单价	金额	税率	税额
联想台式电脑	C246	台	6	1 999	11 994	17%	2 038.98
合计					¥11 994		¥2 038.98
价税合计（大写）	壹万肆仟零叁拾贰元玖角捌分				（小写）¥14032.98		

销货单位	名　　称：北京四海有限责任公司 纳税人识别号：359291040021388 地 址、电 话：北京127号 027-54566788 开户行及账号：工行京支　0776024001469	备注	北京四海有限责任公司 财务专用章

收款人：　　复核：　　开票人：李小龙　　销货单位（章）：

第三联 发票联 购货方记账凭证

表20－2 **北京市增值税专用发票（抵扣联）**

开票日期：20××年12月14日　　抵 扣 联　　No. 02548215

全国统一发票监制章 北京市 国家税务总局监制

购货单位	名　　称：圣凯有限责任公司 纳税人识别号：140107719850887 地 址、电 话：和平路101号0331-87826666 开户行及账号：工行石家庄市水源支行 4700022609003636668	密码区	*73-+54477865*+-/98 加密版本号：01 //-275+6*94>4+6310052 4//563<0217+-+019>302 400004100 3<0602->>2/4>>4/>>>0 00187966

货物及应税劳务名称	规格型号	单位	数量	单价	金额	税率	税额
联想台式电脑	C246	台	6	1 999	11 994	17%	2 038.98
合计					¥11 994		¥2 038.98
价税合计（大写）	壹万肆仟零叁拾贰元玖角捌分				（小写）¥14032.98		

销货单位	名　　称：北京四海有限责任公司 纳税人识别号：359291040021388 地 址、电 话：北京127号 027-54566788 开户行及账号：工行京支　0776024001469	备注	北京四海有限责任公司 财务专用章

收款人：　　复核：　　开票人：李小龙　　销货单位（章）：

第二联 抵扣联 购货方扣税凭证

表20－3 **中国工商银行信汇凭证（回单）** 1

委托日期2013年12月14日 No. 00461255

汇款人	全　称	圣凯有限责任公司	收款人	全　称	北京四海有限责任公司
	账　号	4700022609003636668		账　号	0776024001469
	汇出地点	河北省石家庄市/县		汇入地点	省　北京市/县
汇出行名称		工行石家庄市水源支行	汇入行名称		工行京支
金额	人民币：（大写）	壹万壹仟零叁拾贰元玖角捌分	亿 千 百 十 万 千 百 十 元 角 分		¥ 1 1 0 3 2 9 8
（中国工商银行 石家庄水源支行 2013.12.7 转讫） 汇出行签章			支付密码		
			附加信息及用途：**货款** 款已从你单位账户汇出 复核　　记账		

此联是汇出行给汇款人的回单

表20－4 **入 库 单**

20××年12月14日 No. 045303

供货单位：东明商贸有限公司						实际成本										
编号	商品名称	规格	送验数量	实收数量	单位	单价	运杂费	金额								
								百	十	万	千	百	十	元	角	分
004	联想台式电脑	C246	6	6	台	1 998				1	9	9	9	4	0	0
合　计									¥	1	9	9	9	4	0	0
备　注：								附单据1张								

第二联 送会计部门

表21－1 **石家庄市行政事业单位收款收据**

交款单位（个人）：圣凯有限责任公司　　20××年12月14日　　No. 0843456

今　收　到：圣凯有限责任公司	系付农村义务教育捐款	
人民币（大写）壹万元整	¥10 000.00	
收款单位公章：（石家庄市人民政府 财务专用章）	会　计：	经收人：王万州

第二联 收据

表22－1　　**石家庄市非税收入一般缴款书（收据）4**　　No. 920191541X

填制日期：20××年12月15日　　执收单位名称：石家庄市工商行政管理局

付款人	全　称	圣凯有限责任公司	收款人	全　称	石家庄市财政局
	账　号	4700022609003636668		账　号	368536740248091001
	开户银行	石家庄市水源支行		开户银行	市中行中华中路分理处
币种：人民币	金额（大写）贰仟元整			（小写）¥2000.00	

项目编码	项目名称	单位	数量	标准	金额
520345	罚款	元	1	壹仟至贰仟	2 000.00

执收单位（盖章）石家庄市工商行政管理局 非税收入专用章 经办人（签章）蒋秀红	备注：

表 23－1　　**支票存根 01447451**

中国工商银行现金支票存根

支票号码：01447451

附加信息：

出票日期 20××年12月20日

收款人：圣凯有限责任公司	
金　额：¥2 000.00	
用　途：备用金	

单位主管　　会计

本支票付款期限十天

表24－1　　　　　　　　　　**河北增值税专用发票（记账联）**

开票日期：20××年12月21日　　　　记账联　　　　№.00187970

全国统一发票监制章 河北 国家税务总局监制

购货单位	名　　　称：东明商贸有限公司 纳税人识别号：465280104013184 地 址、电 话：文化路6号 0331-7854760 开户行及账号：建行石家庄市长安分理处 470003150900252553	密码区	7/1>>61<98>8->*5 加密版本号：01 3/9>3327867>383527567 97/>5-710079>-08/1312 440004314 *38426>>2-23/186>>49 00187967

货物及应税劳务名称	规格型号	单位	数量	单价	金额	税率	税额
联想台式电脑	C246	台	8	4 098	32 784	17%	5 573.28
联想手机	A390-S322	部	5	898	4 490	17%	763.3
合计					¥37 274		¥6 336.58
价税合计（大写）	肆万叁仟陆佰壹拾元伍角捌分				（小写）¥43 610.58		

销货单位	名　　　称：圣凯有限责任公司 纳税人识别号：465280104013184 地 址、电 话：和平路101号 0331-87826666 开户行及账号：石家庄市水源支行 470002260900363668	备注	圣凯有限责任公司 发票专用章 税号：465280104013184

收款人：　　　　复核：　　　　开票人：冯小刚　　　　销货单位（章）：

第一联 记账联 销货方记账凭证

表 24－2　　　　　　　　　　**商品出库单**

购货单位：东明商贸有限公司　　　20××年 12 月 31 日　　　销字第 010 号

商品名称及规格	单位	数量
联想台式电脑 C246	台	8
联想手机 A390－S322	部	5
合　计		

第二联 会计记账

主管：　　　　会计：　　　　保管：冯磊　　　　复核：　　　　验收：张志

表24－3 **托收凭证（受理回单）**

委托日期20××年12月21日　　委托号码　第0078234号

业务类型	委托收款（☑邮划、☐电划）			托收承付（☐邮划、☐电划）		
付款人 全称	东明商贸有限公司			收款人 全称	圣凯有限责任公司	
付款人 账号	4700031509002525553			收款人 账号	4700022609003636668	
付款人 地址	石家庄市	开户行	建行石家庄市平安分理处	收款人 地址	石家庄市	开户行 工行石家庄市水源支行

金额	人民币：（大写）	肆万叁仟陆佰壹拾元伍角捌分	亿	千	百	十	万	千	百	十	元	角	分
						¥	4	3	6	1	0	5	8

款项内容	货款	托收凭据名称	发票	附寄单证张数	3
商品发运情况	已发			合同名称号码	
备注： 复核　　记账	款项收妥日期			收款人开户银行签章	

中国工商银行
石家庄市水源支行
转讫

表 25－1 **招待费发票**

河北服务业定额专用发票
发　票　联　　地税
付款方名称：圣凯有限责任公司
全国统一发票监制章 河北 地方税务局监制
№:01760804
伍　拾　元　¥50.00
收款单位（盖章）　龙河酒店 发票专用章
开票日期20××年12月24日

河北服务业定额专用发票
发　票　联　　地税
付款方名称：圣凯有限责任公司
全国统一发票监制章 河北 地方税务局监制
№:01760805
贰佰元　¥200.00
收款单位（盖章）　龙河酒店 发票专用章
开票日期20××年12月24日

河北服务业定额专用发票
发　票　联　　地税
付款方名称：圣凯有限责任公司
全国统一发票监制章 河北 地方税务局监制
№:01760806
伍　拾　元　¥50.00
收款单位（盖章）　龙河酒店 发票专用章
开票日期20××年12月24日

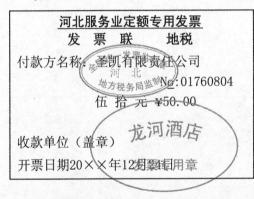

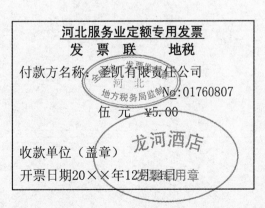

河北服务业定额专用发票
发　票　联　　地税
付款方名称：圣凯有限责任公司
全国统一发票监制章 河北 地方税务局监制
№:01760807
伍　元　¥5.00
收款单位（盖章）　龙河酒店 发票专用章
开票日期20××年12月24日

表 26-1

工资费用分配表

20××年12月31日　　单位：元

部门	应分配金额	备注
行政部门人员工资	10 000	
销售部门人员工资	15 000	
合计	25 000	

审　核：丁宝强　　会　计：　　制　单：赵梅

表 27-1

福利费分配表

20××年12月31日　　单位：元

部门	计提基数	金额
行政部门人员工资	10 000	
业务部门人员工资	15 000	
合计	25 000	

审　核：丁宝强　　会　计：　　制　单：赵梅

表 28-1

固定资产折旧计算表

20××年12月31日　　单位：元

部门	房屋及建筑物		办公设备		合计	
	原值	折旧额	原值	折旧额	原值	折旧额
销售部门	78 762	3 000	10 206	288		
行政部门	250 000	3 000	35 000	500		
合计	328 762	6 000	45 206	788		

审　核：丁宝强　　会　计：　　制　单：赵梅

表 29-1

财产保险费用摊销表

20××年12月31日　　单位：元

待摊费用项目	待摊费用金额	分摊比例	本月应摊金额	备注
财产保险费	12 000	1/12	1 000	销售部门 800 元 管理部门 200 元
合计	12 000		1 000	

审　核：丁宝强　　会　计：　　制　单：赵梅

表 30－1

电费分配表

20××年 12 月 31 日　　　　单位：元

部门	应分配金额	备注
销售部门照明用电	2 000	
行政部门照明用电	1 000	
合计	3 000	

审　核：丁宝强　　　　会　计：　　　　制　单：赵梅

表 31－1

水费分配表

20××年 12 月 31 日　　　　单位：元

部门	应分配金额	备注
销售部门用水	500	
行政部门用水	1 500	
合计	2 000	

审　核：丁宝强　　　　会　计：　　　　制　单：赵梅

表32－1

中国工商银行进账单（收账通知）　　1

20××年12月31日　　　　第21号

出票人	全　称	河北丰硕有限公司	持票人	全　称	圣凯有限责任公司
	账　号	010-221-3456		账　号	4700022609003636668
	开户银行	石家庄市和平支行		开户银行	石家庄市水源支行

人民币（大写）：玖万元整	千	百	十	万	千	百	十	元	角	分
			¥	9	0	0	0	0	0	0

票据种类	转账支票	中国工商银行 石家庄市水源支行 转讫 捐赠 持票人开户行盖章

此联是持票人开户行交给持票人的收账通知

表 33-1　　**城市维护建设税及教育费附加计算表**

20××年 12 月 31 日　　单位：元

计税依据	城市维护建设税		教育费附加	
	税率	金额	税率	金额
	7%		3%	
合　计				

审　核：丁宝强　　会　计：　　制　单：

表 34-1　　**12 月损益类账户资料表**

20××年 12 月 31 日　　单位：元

收入类账户	发生额	支出类账户	发生额
主营业务收入		主营业务成本	
投资收益		营业税金及附加	
其他业务收入		管理费用	
营业外收入		销售费用	
		财务费用	
		其他业务成本	
		营业外支出	
合计		合计	
12 月利润总额			

审　核：丁宝强　　会　计：　　制　单：

表 35－1　　**12 月所得税计算表**

20××年 12 月 31 日　　单位：元

项　目	计算依据	税　率	税　额	备注
应交所得税		25%		假设不考虑纳税调整事项
合计				

审　核：丁宝强　　会　计：　　制　单：

表 35－2　　**所得税结转单**

20××年 12 月 31 日　　单位：元

项目	科　目	金　额
应借科目		
应贷科目		

审　核：丁宝强　　会　计：　　制　单：

表 36－1　　**本年利润结转资料表**

20××年 12 月 31 日　　单位：元

项目	金额	应借科目	应贷科目	金额
期初本年利润				
加：12 月净利润				
全年净利润				

审　核：丁宝强　　会　计：　　制　单：

表 37－1　　**盈余公积计算表**

20××年 12 月 31 日　　单位：元

项　目	计提比例	金　额	应借科目	应贷科目
全年净利润总额	—			
法定盈余公积	10%			

审　核：丁宝强　　会　计：　　制　单：

表 38－1

应付投资者利润计算表

20××年 12 月 31 日　　单位：元

项　目	计提比例	金　额	应借科目	应贷科目
全年净利润总额	—			
应付投资者利润	30％			
备注	实际工作中，应付利润应按各投资者设明细，本题中暂不考虑明细			

审　核：丁宝强　　会　计：　　制　单：

表 39－1

利润分配各明细账户结转单

20××年 12 月 31 日　　单位：元

项　目	科　目	金　额
应借科目		
应贷科目		

审　核：丁宝强　　会　计：　　制　单：

三、2014 年 1 月经济业务票据

表1－1　　**中国工商银行（短期借款）借款凭证（回单）**　④

20××年1月1日　　　　银行编号：3040126

名称	圣凯有限责任公司	借款单位	名称	圣凯有限责任公司
往来账户	4700022609003636668		放款账户	4700022609003636668
开户银行	工行石家庄市水源支行		开户银行	工行石家庄市水源支行
还款期限	6个月	利率	8%	起息日期　20××.01.01

申请金额	人民币（大写）：陆万元整		亿	千	百	十	万	千	百	十	元	角	分
借款原因用途	周转贷款	银行核定金额				¥	6	0	0	0	0	0	0

备注：

期限	计划还款	计划还款金额

中国工商银行
石家庄市水源支行
转讫

上述借款业已同意贷给并转入你单位往来账户，借款到期时应按期归还。　此致

借款单位

（银行盖章）　　　　20××年1月1日

表2－1　　**收　据**

20××年1月2日　　　　No.0004282

今　收　到：张北有限公司

交　　来：投资款

人民币（大写）：壹拾万元整　　　　（小写）¥100 000.00

圣凯有限责任公司
财务专用章

收款单位盖章：　　　　经收人签章：李红艳

单位主管：　　会计：　　出纳：　李红艳　记账：

表2－2　　　　　　**中国工商银行进账单（收账通知）** 1

20××年11月2日　　　　　　第 21 号

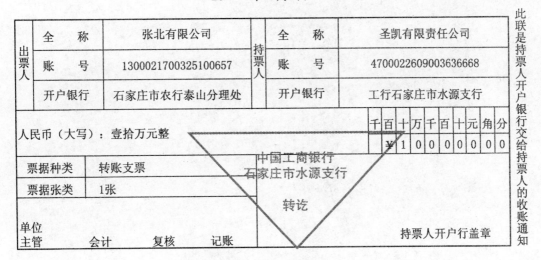

出票人	全　称	张北有限公司	持票人	全　称	圣凯有限责任公司
	账　号	1300021700325100657		账　号	4700022609003636668
	开户银行	石家庄市农行泰山分理处		开户银行	工行石家庄市水源支行

人民币（大写）：壹拾万元整	千	百	十	万	千	百	十	元	角	分
		¥	1	0	0	0	0	0	0	0

票据种类	转账支票
票据张类	1张

中国工商银行
石家庄市水源支行
转讫

单位主管　会计　复核　记账　　　　持票人开户行盖章

此联是持票人开户银行交给持票人的收账通知

表3－1　　　　　　**河北商业企业统一发票**

客户名称：圣凯有限责任公司　　　　20××年1月2日

品名规格	单位	数量	单价	金额 十	万	千	百	十	元	角	分
稿纸	本	200	1				2	0	0	0	0
合计（大写）贰佰元整						¥	2	0	0	0	0

惠民商场
发票专用章

销货单位（盖章）　　开票人：李丽娟　　收款人：王梅

第二联　发票联

表3－2　　　　　　**中国工商银行转现金票存根**

中国工商银行转现金票存根

支票号码：01447461

附加信息：

出票日期 20××年1月2日

收款人：	惠民商场
金　额：	¥200.00
用　途：	购办公用品

单位主管　　　　会计

本支票付款期限十天

表 4－1　　　　支票存根 01447461

中国工商银行现金支票存根

支票号码：01447461

附加信息：

出票日期　20××年1月3日

收款人：圣凯有限责任公司	
金　额：¥5 000.00	
用　途：备用金	

单位主管　　　　会计

本支票付款期限十天

表5－1

收　据

20××年1月3日　　　　No. 0004281

今　收　到：南山有限公司	
交　　来：投资款	
人民币（大写）：伍万元整	（小写）¥50 000.00
收款单位盖章：[圣凯有限责任公司 财务专用章]	经收人签章：李红

单位主管：　　　会计：　　　出纳：　李红　　　记账：

表5－2

中国工商银行进账单（收账通知）　　1

20××年1月2日　　　　第 22 号

出票人	全　　称	南山有限公司	持票人	全　　称	圣凯有限责任公司
	账　　号	2300011700325100429		账　　号	4700022609003636668
	开户银行	石家庄市中行天山分理处		开户银行	工行石家庄市水源支行

人民币（大写）：伍万元整

千	百	十	万	千	百	十	元	角	分
		¥	5	0	0	0	0	0	0

票据种类	转账支票	[中国工商银行 石家庄市水源支行 转讫] 持票人开户行盖章

此联是持票人开户银行交给持票人的收账通知

表6－1 **北京市增值税专用发票（发票联）**

全国统一发票监制章 北京市 国家税务总局监制

开票日期：20××年1月3日　　　　发 票 联　　　　No. 00180234

购货单位	名　　称：圣凯有限责任公司 纳税人识别号：140107719850887 地 址、电 话：和平路101号　0331-87826666 开户行及账号：工行石家庄市水源支行 4700022609003636668			密码区	4<0/0*31*6<2+7703+6　加密版本号：01 /1-1-09881019>990/0+8 6845/3<0211+-+0191312 440004314 4<0676->>2-23/186>>-1 00180234			
货物及应税劳务名称	规格型号	单位	数量	单价	金额	税率	税额	
联想台式电脑	C248	台	18	1 759	31 662	17%	5 382.54	
合计					¥31 662		¥5 382.54	
价税合计（大写）	叁万柒仟零肆拾肆元伍角肆分　　（小写）¥37 044.54							
销货单位	名　　称：北京四海有限责任公司 纳税人识别号：359291040021388 地 址、电 话：北京127号 027-54566788 开户行及账号：工行京支　0776024001469			备注	北京四海有限责任公司 发票专用章 税号：359291040021388			

收款人：　　　　复核：　　　　开票人：李燕　　　　销货单位（章）：

第三联　发票联　购货方记账凭证

表6－2 **北京市增值税专用发票（抵扣联）**

全国统一发票监制章 北京市 国家税务总局监制

开票日期：20××年1月3日　　　　发 票 联　　　　No. 00180234

购货单位	名　　称：圣凯有限责任公司 纳税人识别号：140107719850887 地 址、电 话：和平路101号0331-87826666 开户行及账号：工行石家庄市水源支行 4700022609003636668			密码区	4<0/0*31*6<2+7703+6 加密版本号：01 /1-1-09881019>990/0+8 6845/3<0211+-+0191312 440004314 4<0676->>2-23/186>>-1 00180234			
货物及应税劳务名称	规格型号	单位	数量	单价	金额	税率	税额	
联想台式电脑	C248	台	18	1759	31662	17%	5382.54	
合　计					¥31662		¥5382.54	
价税合计（大写）	叁万柒仟零肆拾肆元伍角肆分　　（小写）¥37044.54							
销货单位	名　　称：北京四海有限责任公司 纳税人识别号：359291040021388 地 址、电 话：北京127号027-54566788 开户行及账号：工行京支0776024001469			备注	北京四海有限责任公司 发票专用章 税号：359291040021388			

销货单位（章）：

收款人：　　　　复核：　　　　开票人：李燕

第三联　发票联购货方扣税凭证

表6－3

中国工商银行信汇凭证（回单）　1

委托日期 2014年1月3日　　No. 00461255

汇款人	全　称	圣凯有限责任公司	收款人	全　称	北京四海有限责任公司
	账　号	4700022609003636668		账　号	0776024001469
	汇出地点	河北　省　石家庄　市/县		汇入地点	省　北京　市/县
汇出行名称		工行石家庄市水源支行	汇入行名称		工行京支

金额	人民币：（大写）叁万柒仟零肆拾肆元伍角肆分	亿	千	百	十	万	千	百	十	元	角	分
					¥	3	7	0	4	4	5	4

中国工商银行 石家庄水源支行 2014.1.3 转讫　汇出行签章	支付密码	

此联汇出行给汇款人的回单

表7－1

河北省增值税专用发票 记账联）

全国统一发票监制章 国家税务总局监制

开票日期：20××年1月4日　　记账联　　No. 00187967

购货单位	名　　　称：东明商贸有限公司 纳税人识别号：465280104013184 地 址、电 话：文化路6号 0331-87854760 开户行及账号：建行石家庄市平安分理处 4700031509002525553	密码区	7/1>>61<98>8->*5　加密版本号：01 3/9>3327867>383527567 97/>5-710079>-08/1312 440004314 *38426>>2-23/186>>49 00187967

货物及应税劳务名称	规格型号	单位	数量	单价	金额	税率	税额
联想台式电脑	C248	台	11	3 788	41 668	17%	7 083.56
合计					¥41 668		¥7 083.56
价税合计（大写）	肆万捌仟柒佰伍拾壹元伍角陆分　（小写）¥48 751.56						

销货单位	名　　　称：圣凯有限责任公司 纳税人识别号：465280104013184 地 址、电 话：和平路101号 0331-87826666 开户行及账号：工行石家庄市水源支行 4700022609003636668	备注	圣凯有限责任公司 发票专用章 税号：465280104013184

收款人：　　复核：　　开票人：冯小刚　　销货单位（章）：

第一联　记账联　销货方记账凭证

表7－2　　　　**商业承兑汇票**

签发日期　　　　20××年1月4日　　　　第21号

<table>
<tr><td rowspan="3">付款人</td><td>全　称</td><td colspan="2">东明商贸有限公司</td><td rowspan="3">收款人</td><td>全　称</td><td colspan="2">圣凯有限责任公司</td></tr>
<tr><td>账　号</td><td colspan="2">470003150900252555З</td><td>账　号</td><td colspan="2">4700022609003636668</td></tr>
<tr><td>开户银行</td><td>建行石家庄市长安分理处</td><td>行号</td><td>开户银行</td><td>工行石家庄市水源支行</td><td>行号</td></tr>
<tr><td colspan="2">汇票金额</td><td colspan="4">人民币（大写）：肆万捌仟柒佰伍拾壹元伍角陆分</td><td colspan="2">千 百 十 万 千 百 十 元 角 分
¥ 4 8 7 5 1 5 6</td></tr>
<tr><td colspan="2">汇票到期日</td><td colspan="2">20××年4月4日</td><td colspan="2">交易合同号码</td><td colspan="2"></td></tr>
<tr><td colspan="4">本汇票已经本单位承兑，到期日无条件支付票款。
此致
收款人
东明商贸有限公司 财务专用章
付款人盖章
负责：杜荣华　经办：李强　20××年1月4日</td><td colspan="4">东明商贸有限公司 财务专用章
汇票签发人盖章
负责：杜荣华　经办：李强</td></tr>
</table>

表7－3　　　　**商品出库单**

购货单位：东明商贸有限公司　　　　20××年1月4日　　　　销字第011号

商品名称及规格	单位	数量
联想台式电脑C248	台	11
合计		11

表8－1　　　　**河北省增值税专用发票（发票联）**

全国统一发票监制章 发票联 国家税务总局监制

开票日期：20××年1月5日　　　　No.00180234

购货单位	名　　　称：圣凯有限责任公司 纳税人识别号：140107719850887 地 址、电 话：和平路101号0331-87826666 开户行及账号：工行石家庄市水源支行 4700022609003636668	密码区	4<0/0*31*6<2+7703+6 加密版本号：01 /1-1-09881019>990/0+8 6845/3<0211+-+0191312 440004314 4<0676->>2-23/186>>-1 00180234

货物及应税劳务名称	规格型号	单位	数量	单价	金额	税率	税额
展示柜台		组	1	50 000	50 000	17%	8 500
合计					¥50 000		¥8 500
价税合计（大写）	伍万捌仟伍佰元整			（小写）¥58 500.00			

销货单位	名　　　称：米氏家具有限公司 纳税人识别号：445291040021002 地 址、电 话：石家庄市中华大街111号 0331-87826666 开户行及账号：工行石支 0876024001123	备注	米氏家具有限公司 发票专用章 税号：359291040021388

收款人：　　　复核：　　　开票人：李燕　　　销货单位（章）：

第三联 发票联 购买方记账凭证

表8－2　　　　**河北省增值税专用发票（抵扣联）**

全国统一发票监制章 抵扣联 国家税务总局监制

开票日期：20××年1月5日　　　　No.00180234

购货单位	名　　　称：圣凯有限责任公司 纳税人识别号：140107719850887 地 址、电 话：和平路101号 0331-87826666 开户行及账号：工行石家庄市水源支行 4700022609003636668	密码区	4<0/0*31*6<2+7703+6 加密版本号：01 /1-1-09881019>990/0+8 6845/3<0211+-+0191312 440004314 4<0676->>2-23/186>>-1 00180234

货物及应税劳务名称	规格型号	单位	数量	单价	金额	税率	税额
展示柜台		组	1	50 000	50 000	17%	8 500
合计					¥50 000		¥8 500
价税合计（大写）	伍万捌仟伍佰元整			（小写）¥58 500.00			

销货单位	名　　　称：米氏家具有限公司 纳税人识别号：445291040021002 地 址、电 话：石家庄市中华大街111号 0331-87826666 开户行及账号：工行石支 0876024001123	备注	米氏家具有限公司 发票专用章 税号：359291040021388

收款人：　　　复核：　　　开票人：李燕　　　销货单位（章）：

第二联 抵扣联 购买方扣税凭证

表 8－3　　支票存根 01447372

中国工商银行转账支票存根	
支票号码：01447372	本支票付款期限十天
附加信息：	
出票日期 20××年1月5日	
收款人：米氏家具有限公司	
金　额：¥58 500.00	
用　途：购买展示台柜	
单位主管　　会计	

表8－4　　**固定资产验收交接单**　　No. 0001234

20××年1月5日　　金额：元

资产名称	规格	计量单位	数量	单价	安装费用	其他费用	合计	已提折旧
展示台柜	900×600	组	1	50 000			50 000	
资产来源	购入	制造厂名	米氏家具	使用年限	2年	估计残值	100	
合计人民币（大写）：伍万元整					（小写）¥50 000.00			

验收人：刘静　　接收人：赵红斌　　主管：　　合计：

表9－1　　**收　据**

20××年1月5日　　No. 0015013

今　收　到：圣凯有限责任公司	
交　　来：预付货款	
人民币（大写）：贰万元整	¥20 000.00
收款单位盖章：北京四海有限责任公司 财务专用章	经收人签章：王万州

单位主管：　　会计：　　出纳：海江　　记账：

表9－2　　**中国工商银行电汇凭证（回单）**　　1

☑普通　□加急　　委托日期2014年1月5日　　No. 00325896

<table>
<tr><td rowspan="3">汇款人</td><td>全　称</td><td>圣凯有限责任公司</td><td rowspan="3">收款人</td><td>全　称</td><td colspan="11">北京四海有限责任公司</td></tr>
<tr><td>账　号</td><td>4700022609003636668</td><td>账　号</td><td colspan="11">0776024001469</td></tr>
<tr><td>汇出地点</td><td>河北省石家庄市/县</td><td>汇入地点</td><td colspan="11">省　北京市/县</td></tr>
<tr><td colspan="2">汇出行名称</td><td>工行友谊支行</td><td colspan="2">工行石家庄市水源支行</td><td colspan="11">工行京支</td></tr>
<tr><td rowspan="2">金额</td><td rowspan="2" colspan="4">人民币：（大写）　贰万元整</td><td>亿</td><td>千</td><td>百</td><td>十</td><td>万</td><td>千</td><td>百</td><td>十</td><td>元</td><td>角</td><td>分</td></tr>
<tr><td></td><td></td><td></td><td>¥</td><td>2</td><td>0</td><td>0</td><td>0</td><td>0</td><td>0</td><td>0</td></tr>
<tr><td colspan="3">中国工商银行
石家庄水源支行
2014.1.5
转讫
汇出行签章</td><td colspan="13">支付密码
附加信息及用途：**货款**
款已从你单位账户汇出
复核　　记账</td></tr>
</table>

此联汇出行给汇款人的回单

表10－1　　**北京市增值税专用发票（发票联）**

全国统一发票监制章 发票联 国家税务总局监制

开票日期：20××年1月6日　　No. 02548215

<table>
<tr><td>购货单位</td><td colspan="4">名　　称：圣凯有限责任公司
纳税人识别号：140107719850887
地 址、电 话：和平路101号 0331-87826666
开户行及账号：工行石家庄市水源支行 4700022609003636668</td><td>密码区</td><td colspan="3">*73-+54477865*+-/98　加密版本号：01
//-275+6*94>4+6310052
4//563<0217+-+019>302
400004100
3<0602->>2/4>>4/>>>0
00187966</td></tr>
<tr><td colspan="2">货物及应税劳务名称</td><td>规格型号</td><td>单位</td><td>数量</td><td>单价</td><td>金额</td><td>税率</td><td>税额</td></tr>
<tr><td colspan="2">联想多媒体音箱</td><td>C1530</td><td>个</td><td>5</td><td>135</td><td>675</td><td>17%</td><td>114.75</td></tr>
<tr><td colspan="2">合计</td><td></td><td></td><td></td><td></td><td>¥675</td><td></td><td>¥114.75</td></tr>
<tr><td colspan="2">价税合计（大写）</td><td colspan="7">柒佰捌拾玖元柒角伍分　　（小写）¥789.75</td></tr>
<tr><td>销货单位</td><td colspan="4">名　　称：北京四海有限责任公司
纳税人识别号：359291040021388
地 址、电 话：北京127号 027-54566788
开户行及账号：工行京支　0776024001469</td><td>备注</td><td colspan="3">北京四海有限责任公司 财务专用章</td></tr>
</table>

收款人：　　复核：　　开票人：李小龙　　销货单位（章）：

第三联　发票联　购买方记账凭证

表10－2　　北京市增值税专用发票（抵扣联）

开票日期：20××年1月6日　　抵扣联　　No. 02548215

购货单位	名　　称：圣凯有限责任公司 纳税人识别号：140107719850887 地址、电话：和平路101号 0331-87826666 开户行及账号：工行石家庄市水源支行 470002260900363668			密码区	*73-+54477865*+-/98 加密版本号：01 //-275+6*94>4+6310052 4//563<0217+-+019>302 400004100 3<0602->>2/4>>4/>>>0 00187966		
货物及应税劳务名称	规格型号	单位	数量	单价	金额	税率	税额
联想多媒体音箱	C1530	个	5	135	675	17%	114.75
合计					¥675		¥114.75
价税合计（大写）	柒佰捌拾玖元柒角伍分				（小写）¥789.75		
销货单位	名　　称：北京四海有限责任公司 纳税人识别号：359291040021388 地址、电话：北京127号 027-54566788 开户行及账号：工行京支 0776024001469			备注			

收款人：　　复核：　　开票人：李小龙　　销货单位（章）：

第二联 抵扣联 购买方扣税凭证

表10－3　　入库单

20××年1月6日　　No. 045311

供货单位：北京四海有限责任公司								实际成本								
编号	商品名称	规格	送验数量	实收数量	单位	单价	运杂费	金额								
								百	十	万	千	百	十	元	角	分
005	联想音箱	C1530	5	5	个	135						6	7	5	0	0
合　计											¥	6	7	5	0	0
备　注：								附单据1张								

主管：　　会计：　　保管：冯磊　　复核：　　验收：张志强

第二联 送会计部门

表10–4

中国工商银行电汇凭证（回单）　　1

☑普通　☐加急　　委托日期2014年1月6日　　№ 00325896

汇款人	全　称	圣凯有限责任公司	收款人	全　称	北京四海有限责任公司
	账　号	4700022609003636668		账　号	0776024001469
	汇出地点	河北省石家庄市/县		汇入地点	省　北京市/县
汇出行名称		工行友谊支行	工行石家庄市水源支行		工行京支
金额	人民币：（大写）	柒佰捌拾玖元柒角伍分	亿 千 百 十 万 千 百 十 元 角 分		¥ 7 8 9 7 5
中国工商银行 石家庄水源支行 2014.1.6 转讫　汇出行签章			支付密码		
			附加信息及用途：**运费** 款已从你单位账户汇出 复核　记账		

此联汇出行给汇款人的回单

表11－1　　**入 库 单**

20××年1月6日　　№ 045303

供货单位：北京四海有限责任公司								实际成本								
编号	商品名称	规格	送验数量	实收数量	单位	单价	运杂费	金额								
								百	十	万	千	百	十	元	角	分
004	联想台式电脑	C248	18	18	台	1759				3	1	6	6	2	0	0
合　计									¥	3	1	6	6	2	0	0
备　注：								附单据1张								

第二联 送会计部门

主管：　会计：　保管：冯磊　复核：　验收：张志强

表12－1　　　　中华人民共和国　　　　　　　地

隶属关系：县级市　　　　　税收缴款书　　　　　新地缴电20050254362号

注册类型：其他有限责任公司　填发日期：20××年12月7日　征收机关：石家庄市地税局

缴款单位	代　码	265230101090615	预算科目	编码	7003教育费附加
	全　称	圣凯有限责任公司		款项	教育费附加
	开户银行	工行石家庄市水源支行		级次	县（市）级
	账　号	470002260900363668	收缴国库		石家庄市支库

税款所属时期20××年11月10日			税款限缴日期20××年12月10日		
品目名称	课税数量	计税金额或销售收入	税率或单位税额	已缴或扣除额	实缴金额
教育费附加			3%		2 100.00
金额合计（大写）：贰仟壹佰元整					（小写）¥2 100.00
			上列款项已核收记入收款单位账户　国库（银行）盖章		备注
经办人：张文明	填票人：刘玉萍				

第一联收据国库收款盖章后退缴款单位作完税凭证

表12－2　　　　中华人民共和国　　　　　　　地

隶属关系：县级市　　　　　税收缴款书　　　　　新地缴电20050254363号

注册类型：其他有限责任公司　填发日期：20××年12月7日　征收机关：石家庄市地税局

缴款单位	代　码	265230101090615	预算科目	编码	1003城市建设维护税
	全　称	圣凯有限责任公司		款项	城市建设维护税
	开户银行	工行石家庄市水源支行		级次	县（市）级
	账　号	470002260900363668	收缴国库		石家庄市支库

税款所属时期20××年11月10日			税款限缴日期20××年12月10日		
品目名称	课税数量	计税金额或销售收入	税率或单位税额	已缴或扣除额	实缴金额
城市维护建设税			7%		4 900.00
金额合计（大写）：肆仟玖佰元整					（小写）¥4 900.00
			上列款项已核收记入收款单位账户　国库（银行）盖章		备注
经办人：张文明	填票人：刘玉萍				

第一联收据国库收款盖章后退缴款单位作完税凭证

表12－3　　中华人民共和国税收缴款书　　国

隶属关系：县级市　　新地缴电20050254364号

注册类型：其他有限责任公司　填发日期：20××年12月7日　征收机关：石家庄市国税局

缴款单位	代　码	265230101090615	预算科目	编码	0101国内增值税
	全　称	圣凯有限责任公司		款项	增值税
	开户银行	工行石家庄市水源支行		级次	县（市）级
	账　号	4700022609003636668	收缴国库		石家庄市支库

税款所属时期20××年11月10日			税款限缴日期20××年12月10日		
品目名称	课税数量	计税金额或销售收入	税率或单位税额	已缴或扣除额	实缴金额
增值税			17%	17 000	30 000.00
金额合计（大写）：叁万元整					（小写）¥30 000.00
经办人：张文明	填票人：刘玉萍	上列款项已核收记入收款单位账户 国库（银行）盖章			备注

第一联收据国库收款盖章后退缴款单位作完税凭证

表12－4　　中华人民共和国税收缴款书　　国

隶属关系：县级市　　新地缴电20050254367号

注册类型：其他有限责任公司　填发日期：20××年12月7日　征收机关：石家庄市国税局

缴款单位	代　码	265230101090615	预算科目	编码	0483企业所得税
	全　称	圣凯有限责任公司		款项	企业所得税
	开户银行	工行石家庄支行新华分理处		级次	县（市）级
	账　号	4700022609003636668	收缴国库		石家庄市支库

税款所属时期20××年11月　日			税款限缴日期20××年12月10日		
品目名称	课税数量	计税金额或销售收入	税率或单位税额	已缴或扣除额	实缴金额
所得税			25%		8 000.00
金额合计（大写）：捌仟元整					（小写）¥8 000.00
经办人：张文明	填票人：刘玉萍	上列款项已核收记入收款单位账户 国库（银行）盖章			备注

第一联收据国库收款盖章后退缴款单位作完税凭证

表13－1　　　　河北广告业专用发票

客户名称：圣凯有限责任公司　　　　20××年1月8日　　　　No. 0056384

项　目	单　位	数量	单　价	金额							
				十	万	千	百	十	元	角	分
广告费	创意广告有限公司	1	5 000			5	0	0	0	0	0
					¥	5	0	0	0	0	0
合计人民币（大写）：伍仟元整				¥5 000.00							

石家庄市创意广告有限责任公司 发票专用章 税号：465280105203876

单位：（盖章）　　　　开票人：胡玉青

表 13－2　　支票存根 01447374

中国工商银行转账支票存根

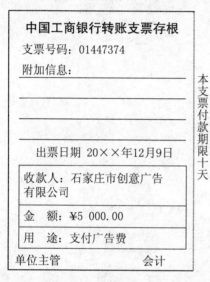

支票号码：01447374

附加信息：

出票日期　20××年12月9日

收款人：石家庄市创意广告有限公司

金　额：¥5 000.00

用　途：支付广告费

单位主管　　会计

本支票付款期限十天

表 14－1　　支票存根 01447375

中国工商银行转账支票存根

支票号码：01447375

附加信息：

出票日期　20××年1月9日

收款人：圣凯有限责任公司

金　额：¥25 000.00

用　途：工资

单位主管　　会计

本支票付款期限十天

表 14－2　　　　20××年 12 月工资发放表　　　　单位：元

序号	姓名	岗位工资	奖金	应发工资	扣款	实发
1	张建	3 000	2 000	5 000	略	5 000
2	王磊	800	400	840		1 000
3	张燕	1 200	500	1 700		1 700
4	刘强	1 500	800	2 300		2 300
…	……	…	…	…	…	…
102	赵小兵	750	300	1 050		5 000
合计		11 000	14 000	25 000		25 000

表14－3　　　　　　　　**企业人员工资代发凭证**

单位代码：SB010502049　　　　　　　　　　　　　单位名称：圣凯有限责任公司

打印日期：20××.1.10　　　　　　　　　　　　　中国工商银行 石家庄市水源支行 业务清讫　单位：元

工资款项	职工人数	岗位工资	奖金	应发工资	扣款	实发
合计	12	11 000	14 000	25 000		25 000

表15－1　　　　　　　　**河北省增值税专用发票（发票联）**

开票日期：20××年1月9日　　　　　发票联　（全国统一发票监制章 河北 国家税务总局监制）　　　　No. 02548215

购货单位	名　　称：圣凯有限责任公司 纳税人识别号：140107719850887 地 址、电 话：和平路101号 0331-87826666 开户行及账号：工行石家庄市水源支行 4700022609003636668	密码区	*73-+54477865*+-/98　加密版本号：01 //-275+6*94>4+6310052 4//563<0217+-+019>302 400004100 3<0602->>2/4>>4/>>>0 00187966

货物及应税劳务名称	规格型号	单位	数量	单价	金额	税率	税额
电费		度	3 000	1	3 000	17%	510
合计					¥3 000		¥510
价税合计（大写）	叁仟伍佰壹拾元整				（小写）¥3 510.00		

销货单位	名　　称：石家庄市供电局 纳税人识别号：639291040021352 地 址、电 话：中华大街127号 027-54566788 开户行及账号：工行分支　0776024001469	备注	石家庄市供电局 财务专用章

收款人：　　　　复核：　　　　开票人：李小龙　　　　销货单位（章）：

第三联　发票联　购买方记账凭证

表15－2 **河北省增值税专用发票（抵扣联）**

开票日期：20××年1月9日　　　抵扣联　　　No. 02548215

购货单位	名　　称：圣凯有限责任公司 纳税人识别号：140107719850887 地 址、电 话：和平路101号 0331-87826666 开户行及账号：工行石家庄市水源支行 4700022609003636668	密码区	*73-+54477865*+-/98 加密版本号：01 //-275+6*94>4+6310052 4//563<0217+-+019>302 400004100 3<0602->>2/4>>4/>>>0 00187966

货物及应税劳务名称	规格型号	单位	数量	单价	金额	税率	税额
电费		度	3 000	1	3 000	17%	510
合计					¥3 000		¥510
价税合计（大写）	叁仟伍佰壹拾元整				（小写）¥3 510.00		

销货单位	名　　称：石家庄市供电局 纳税人识别号：639291040021352 地 址、电 话：中华大街127号 027-54566788 开户行及账号：工行分支 0776024001469	备注	

收款人：　　　复核：　　　开票人：李小龙　　　销货单位（章）：

第二联　抵扣联　购买方扣税凭证

表 15－3 **支票存根 01447374**

中国工商银行转账支票存根

支票号码：01447374

附加信息：

出票日期 20××年1月9日

收款人：	石家庄供电局
金　额：	¥3 510.00
用　途：	支付电费

单位主管　　　会计

本支票付款期限十天

表16－1

河北省增值税专用发票（发票联）

开票日期：20××年1月10日　　　发 票 联　　　No.00186573

购货单位	名　　称：圣凯有限责任公司 纳税人识别号：140107719850887 地 址、电 话：和平路101号 0331-87826666 开户行及账号：工行石家庄市水源支行 4700022609003636668	密码区	21//8>>08<9>>0+*7　加密版本号：01 5/1>3321278>32//2078 *9//>3-+12>>>-08//0015 440004320 12///-6>>2-25//18>>-1 00186573

全国统一发票监制章 河北 国家税务总局监制

货物及应税劳务名称	规格型号	单位	数量	单价	金额	税率	税额
水		m^3	1 000	2	2 000	13%	260
合计					¥2 000		¥260
价税合计（大写）	贰仟贰佰陆拾元整				（小写）¥2 260		

销货单位	名　　称：石家庄市自来水公司 纳税人识别号：465280105201268 地 址、电 话：宁安路15号 0991-2875461 开户行及账号：农行水源支行 2500033800012425563	备注	石家庄市自来水公司 发票专用章 税号：465280105201268

收款人：　　　复核：　　　开票人：张建江　　　销货单位（章）：

第三联 发票联 购货方记账凭证

表16－2

河北省增值税专用发票（抵扣联）

开票日期：20××年1月10日　　　抵 扣 联　　　No.00186573

购货单位	名　　称：圣凯有限责任公司 纳税人识别号：140107719850887 地 址、电 话：和平路101号 0331-87826666 开户行及账号：工行石家庄市水源支行 4700022609003636668	密码区	21//8>>08<9>>0+*7　加密版本号：01 5/1>3321278>32//2078 *9//>3-+12>>>-08//0015 440004320 12///-6>>2-25//18>>-1 00186573

全国统一发票监制章 河北 国家税务总局监制

货物及应税劳务名称	规格型号	单位	数量	单价	金额	税率	税额
水		m^3	1 000	2	2 000	13%	260
合计					¥2 000		¥260
价税合计（大写）	贰仟贰佰陆拾元整				（小写）¥2 260		

销货单位	名　　称：石家庄市自来水公司 纳税人识别号：465280105201268 地 址、电 话：宁安路15号 0991-2875461 开户行及账号：农行水源支行 2500033800012425563	备注	石家庄市自来水公司 发票专用章 税号：465280105201268

收款人：　　　复核：　　　开票人：张建江　　　销货单位（章）：

第二联 抵扣联 购买方扣税凭证

表 16－3　　　　　　　　　　**支票存根 01447376**

中国工商银行转账支票存根

支票号码：01447376

附加信息：

出票日期 20××年1月10日

收款人：	石家庄自来水公司
金　额：	¥2 260.00
用　途：	支付水费

单位主管　　　　　　会计

本支票付款期限十天

（印章：石家庄市自来水公司　发票专用章　税号：465280105201268）

表17－1　　　　　　**河北省增值税专用发票（记账联）**

开票日期：20××年1月11日　　　　记账联　　　　No. 00187967

（印章：全国统一发票监制章　河北　国家税务总局监制）

<table>
<tr><td rowspan="4">购货单位</td><td colspan="3">名　　称：新天地有限公司</td><td rowspan="4">密码区</td><td colspan="4">7/1>>61<98>8->*5　加密版本号：01
3/9>3327867>383527567
97/>5-710079>-08/1312
440004314
*38426>>2-23/186>>49
00187967</td></tr>
<tr><td colspan="3">纳税人识别号：425680104013120</td><td colspan="4"></td></tr>
<tr><td colspan="3">地 址、电 话：建设大街6号 0311-8354760</td><td colspan="4"></td></tr>
<tr><td colspan="3">开户行及账号：建行石家庄市平安分理处 4700031509002525526</td><td colspan="4"></td></tr>
<tr><td colspan="2">货物及应税劳务名称</td><td>规格型号</td><td>单位</td><td>数量</td><td>单价</td><td>金额</td><td>税率</td><td>税额</td></tr>
<tr><td colspan="2">联想台式电脑</td><td>C248</td><td>台</td><td>6</td><td>3 200</td><td>19 200</td><td>17%</td><td>3 264</td></tr>
<tr><td colspan="2">合计</td><td></td><td></td><td></td><td></td><td>¥19 200</td><td></td><td>¥3 264</td></tr>
<tr><td colspan="2">价税合计（大写）</td><td colspan="4">贰万贰仟肆佰陆拾肆元整</td><td colspan="3">¥22 464.00</td></tr>
<tr><td rowspan="4">销货单位</td><td colspan="3">名　　称：圣凯有限责任公司</td><td rowspan="4">备注</td><td colspan="4" rowspan="4">（印章：圣凯有限责任公司　发票专用章　税号：465280104013184）</td></tr>
<tr><td colspan="3">纳税人识别号：465280104013184</td></tr>
<tr><td colspan="3">地 址、电 话：和平路101号 0331-87826666</td></tr>
<tr><td colspan="3">开户行及账号：工行石家庄市水源支行 4700022609003636668</td></tr>
</table>

第一联　记账联　销货方记账凭证

收款人：　　　　复核：　　　　开票人：冯小刚　　　　销货单位（章）：

表 17－2

商品出库单

购货单位：新天地有限公司　　20××年 1 月 11 日　　销字第 012 号

商品名称及规格	单位	数量
联想台式电脑 C248	台	6
合　计		6

第二联　会计记账

表17－3

中国工商银行进账单（收账通知）　1

20××年1月22日　　第21号

出票人			持票人		
出票人	全　　称	新天地有限公司	持票人	全　　称	圣凯有限责任公司
	账　　号	4700031509002525526		账　　号	4700022609003636668
	开户银行	建行石家庄市平安分理处		开户银行	工行石家庄市水源支行

人民币（大写）：贰万贰仟肆佰陆拾肆元整	千	百	十	万	千	百	十	元	角	分
			¥	2	2	4	6	4	0	0

票据种类	转账支票	中国工商银行石家庄市水源支行 持票人开户行盖章

此联是持票人开户银行交给持票人的收账通知

表18－1 **北京市增值税专用发票（发票联）**

开票日期：20××年1月12日 发票联 No. 02548215

购货单位	名　　称：圣凯有限责任公司 纳税人识别号：465280104013184 地 址、电 话：和平路101号 0331-87826666 开户行及账号：工行石家庄市水源支行 4700022609003636668	密码区	*73-+54477865*+-/98 加密版本号：01 //-275+6*94>4+6310052 4//563<0217+--+019>302 400004100 3<0602-->>2/4>>4/>>>0 00187966

货物及应税劳务名称	规格型号	单位	数量	单价	金额	税率	税额
联想手机	A390-S322	部	10	459	4 590	17%	780.30
合计					¥4 590		¥780.30
价税合计（大写）	伍仟叁佰柒拾元叁角				（小写）¥5 370.30		

销货单位	名　　称：北京四海有限责任公司 纳税人识别号：359291040021388 地 址、电 话：北京127号 027-54566788 开户行及账号：工行京支 0776024001469	备注	

收款人：　　复核：　　开票人：李小龙　　销货单位（章）：

第三联 发票联 购买方记账凭证

表18－2 **北京市增值税专用发票（抵扣联）**

开票日期：20××年1月12日 抵扣联 No. 02548215

购货单位	名　　称：圣凯有限责任公司 纳税人识别号：465280104013184 地 址、电 话：和平路101号 0331-87826666 开户行及账号：工行石家庄市水源支行 4700022609003636668	密码区	*73-+54477865*+-/98 加密版本号：01 //-275+6*94>4+6310052 4//563<0217+--+019>302 400004100 3<0602-->>2/4>>4/>>>0 00187966

货物及应税劳务名称	规格型号	单位	数量	单价	金额	税率	税额
联想手机	A390-S322	部	10	459	4 590	17%	780.30
合计					¥4 590		¥780.30
价税合计（大写）	伍仟叁佰柒拾元叁角				（小写）¥5 370.30		

销货单位	名　　称：北京四海有限责任公司 纳税人识别号：359291040021388 地 址、电 话：北京127号 027-54566788 开户行及账号：工行京支 0776024001469	备注	

收款人：　　复核：　　开票人：李小龙　　销货单位（章）：

第二联 抵扣联 购买方扣税凭证

表18－3

入 库 单

20××年1月12日　　　　No. 045312

供货单位：北京四海有限公司								实际成本								
编号	商品名称	规格	送验数量	实收数量	单位	单价	运杂费	金额								
								百	十	万	千	百	十	元	角	分
005	联想手机	A390-S322	10	10	部	459					4	5	9	0	0	0
合　计										¥	4	5	9	0	0	0
备　注：								附单据1张								

第二联　送会计部门

主管：　　会计：　　保管：冯磊　　复核：　　验收：张志强

表19－1

中国工商银行进账单（收账通知）　1

20××年1月22日　　　　第21号

出票人	全　称	甲乙有限公司	持票人	全　称	圣凯有限责任公司
	账　号	1880031509002525526		账　号	4700022609003636668
	开户银行	建行石家庄市长安分理处		开户银行	工行石家庄市水源支行

人民币（大写）：伍仟元整	千	百	十	万	千	百	十	元	角	分
				¥	5	0	0	0	0	0

票据种类	转账支票	持票人开户行盖章

中国工商银行
石家庄市水源支行

此联是持票人开户银行交给持票人的收账通知

表 19－2

商品出库单

购货单位：甲乙有限公司　　　20××年 1 月 11 日　　　销字第 012 号

商品名称及规格	单位	数量
展示柜台	组	1
合　计		1

第二联　会计记账

表20－1 石家庄市非税收入一般缴款书（收据）4 No.920191541X

填制日期：20××年1月13日 执收单位名称：石家庄市工商行政管理局

付款人	全称	圣凯有限责任公司	收款人	全称	石家庄市财政局
	账号	4700022609003636668		账号	368536740248091001
	开户银行	工行石家庄市水源支行		开户银行	市中行中华中路分理处
金额人民币（大写）：贰仟元整				（小写）¥2 000.00	

项目编码	项目名称	单位	数量	标准	金额
520345	罚款	元	1	壹仟至贰仟	2 000.00
执收单位（盖章） 经办人（签章）蒋秀红			备注：		

石家庄市工商行政管理局 非税收入专用章

表 21－1　　票据粘贴单

票据粘贴处	票据粘贴单 年　月　日
	本张金额：2200　元
	附件：　张
	报销部门：业务部
	报销人：李军
	报销单位：圣凯公司 负责人：
	会计审查：
	项目：
	人民币（大写）： 贰仟贰佰元整

10Z054945　石售
石家庄 ——► 上海　T70次
2013年10月08日　14：19开　06车21号下铺
全　价　287.00元　新空调硬座特快卧
限乘当日当次车
在6日内到有效

H033755　沪售
上海 ——► 石家庄　T69次
2014年1月09日　19：24开　11车10号下铺
全　价　287.00元　新空调硬座特快卧
限乘当日当次车
在3日内到有效

上海巴士股份有限公司（一）专线票
票价：2元　095030
报销凭证

上海巴士股份有限公司（一）专线票
票价：2元　0950789
报销凭证

上海巴士股份有限公司（一）专线票
票价：2元　0340658
报销凭证

上海巴士股份有限公司（一）专线票
票价：2元　0340259
报销凭证

上海巴士股份有限公司（二）专线票
票价：4元　0340698
报销凭证

上海巴士股份有限公司（二）专线票
票价：4元　0340563
报销凭证

表21－2 上海市服务业专用发票

发 票 联

单位（姓名）：圣凯有限责任公司 开票时间：2014年1月08日

服务项目	单位	数量	单价	金额								
				百	十	万	千	百	十	元	角	分
住宿费	天	86	10					8	6	0	0	0
小写金额合计							¥	8	6	0	0	0
金额大写：捌佰陆拾元整												

收款单位（印章） 开票人：孙小兵

表21－3 上海市行政事业性收费专用票据

2014年1月05日

交款单位或个人	圣凯有限责任公司	收费许可证号									200501208
收费项目名称	收费标准	金额									备注
		百	十	万	千	百	十	元	角	分	
培训费	50					7	5	0	0	0	
金额大写	人民币柒佰伍拾元整				¥	7	5	0	0	0	

收款单位（印章） 开票人：张军强

表 21－4 差 旅 费 报 销 单

报销部门：业务部 20××年 1 月 13 日

姓名		李军	职务		工作人员	出差事由		业务培训		
出差起止日期自 20××年 10 月 10 日起至 20××年 1 月 10 日共 90 天 附单据 10 张										
日期		起讫地点	差旅补助			交通费	住宿费	会务费	其他	小计
月	日		天数	标准	金额					
10	10	石市—上海	80	30						
01	10	上海—石市	10	30						
		合 计								
合计人民币（大写）：贰仟肆佰柒拾元整										
预领金额：2800 元			交（退）回金额 330 元 应补付金额							

单位负责人：张建军 会计主管：丁宝强 部门主管：赵江 报销人：李军

表21－5

收　据

20××年1月13日　　No.0004281

今　收　到：李军	
交　　　来：剩余差旅费（现金）	
人民币（大写）：叁佰叁拾元整	（小写）¥330.00
现金收讫　　收款单位盖章：圣凯有限责任公司 财务专用章	经收人签章：李红

单位主管：　　会计：　　出纳：李红　　记账：

表22－1

中国工商银行现金存款凭条（柜面交款专用）

20××年1月13日

存款人	全称	圣凯有限责任公司												
	账号	4700022609003636668	款项来源	预借差费剩余款										
	开户行	工行石家庄市水源支行	交款人	圣凯公司										
人民币（大写）：叁佰叁拾元整				百	十	万	千	百	十	元	角	分		
							¥	3	3	0	0	0		

票面	张数	金额	票面	张数	金额	
100元	3	300	5角			中国工商银行 石家庄市水源支行
50元			2角			
20元			1角			
10元	3	30	5分			
5元			2分			
2元			1分			
1元						复核：　收款员：赵红霞

此联由银行盖章后退回单位

会计：　　复核：　　记账：

表23－1　　　　**北京市增值税专用发票（发票联）**

开票日期：20××年1月13日　　　　发票联　　　　No. 02548215

购货单位	名　　称：圣凯有限责任公司 纳税人识别号：465280104013184 地 址、电 话：和平路101号 0331-87826666 开户行及账号：工行石家庄市水源支行 470002260900363 6668	密码区	*73-+54477865*+-/98　加密版本号：01 //-275+6*94>4+6310052 4//563<0217+-+019>302 400004100 3<0602->>2/4>>4/>>>0 00187966

货物及应税劳务名称	规格型号	单位	数量	单价	金额	税率	税额
联想台式电脑	C248	台	15	1 888	28 320	17%	4 814.40
合计					28 320		4 814.40
价税合计（大写）	叁万叁仟壹佰叁拾肆元肆角				￥33 134.40		

销货单位	名　　称：北京四海有限责任公司 纳税人识别号：359291040021388 地 址、电 话：北京127号 027-54566788 开户行及账号：工行京支 0776024001469	备注	

收款人：　　　　复核：　　　　开票人：李小龙　　　　销货单位（章）：

第三联　发票联　购买方记账凭证

表23－2　　　　**北京市增值税专用发票（抵扣联）**

开票日期：20××年1月13日　　　　抵扣联　　　　No. 02548215

购货单位	名　　称：圣凯有限责任公司 纳税人识别号：140107719850887 地 址、电 话：和平路101号 0331-87826666 开户行及账号：工行石家庄市水源支行 470002260900363 6668	密码区	*73-+54477865*+-/98　加密版本号：01 //-275+6*94>4+6310052 4//563<0217+-+019>302 400004100 3<0602->>2/4>>4/>>>0 00187966

货物及应税劳务名称	规格型号	单位	数量	单价	金额	税率	税额
联想台式电脑	C248	台	15	1 888	28 320	17%	4 814.40
合计					28 320		4 814.40
价税合计（大写）	叁万叁仟壹佰叁拾肆元肆角				（小写）￥33 134.40		

销货单位	名　　称：北京四海有限责任公司 纳税人识别号：359291040021388 地 址、电 话：北京127号 027-54566788 开户行及账号：工行京支 0776024001469	备注	

收款人：　　　　复核：　　　　开票人：李小龙　　　　销货单位（章）：

第二联　抵扣联　购买方扣税凭证

表23－3

入 库 单

20××年1月12日　　　　No. 045312

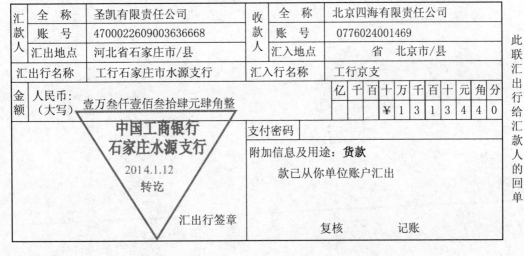

供货单位：北京四海有限公司								实际成本								
编号	商品名称	规格	送验数量	实收数量	单位	单价	运杂费	金额								
								百	十	万	千	百	十	元	角	分
004	联想台式电脑	C248	15	15	部	1 888				2	8	3	2	0	0	0
合　计									¥	2	8	3	2	0	0	0
备　注：								附单据1张								

第二联　送会计部门

主管：　　会计：　　保管：冯磊　　复核：　　验收：张志强

表23－4

中国工商银行信汇凭证（回单）　1

委托日期2014年1月12日　　　　No. 00461255

汇款人	全　称	圣凯有限责任公司	收款人	全　称	北京四海有限责任公司
	账　号	4700022609003636668		账　号	0776024001469
	汇出地点	河北省石家庄市/县		汇入地点	省　北京市/县
汇出行名称		工行石家庄市水源支行	汇入行名称		工行京支

金额	人民币：（大写）	亿	千	百	十	万	千	百	十	元	角	分
	壹万叁仟壹佰叁拾肆元肆角整				¥	1	3	1	3	4	4	0

中国工商银行 石家庄水源支行 2014.1.12 转讫 汇出行签章	支付密码 附加信息及用途：**货款** 款已从你单位账户汇出 复核　　记账

此联汇出行给汇款人的回单

表24－1

石家庄市行政事业单位收款收据

交款单位（个人）：圣凯有限责任公司　　20××年1月14日　　No. 0843456

今　收　到：圣凯有限责任公司　　系付农村义务教育捐款

人民币（大写）伍仟元整　　¥5 000.00

石家庄市人民政府 财务专用章

收款单位公章：　　会　计：　　经收人：王万州

第二联　收据

表 25－1

固定资产验收交接单

No. 0001234

20××年 1 月 15 日　　　　金额：元

资产名称	规格	计量单位	数量	单价	安装费用	其他费用	合计	已提折旧
联想台式电脑	C248	台	20	2 000			40 000	
资产来源	投资	投资单位	林森	使用年限	4 年	估计残值	100	
合计人民币（大写）：肆万元整				（小写）¥ 40 000.00				

验收人：刘静　　接管人：赵红斌　　主管：　　会计：

表26－1

借 款 单

20××年1月16日

借款部门或姓名：杜晶晶					
借款事由：出差　　现金付讫					
共需天数：一个月					
借款金额（人民币大写）：贰仟元整			（小写）¥2 000.00		
领导批示	同意 冯阔	财务负责人	同意 丁宝强	借款人签章	杜晶晶

表27－1

河北商业企业统一发票

客户名称：圣凯有限责任公司　　　　20××年1月17日

品名规格	单位	数量	单价	金额 十	万	千	百	十	元	角	分
钢笔	支	4	15					6	0	0	0
稿纸	本	40	5				2	0	0	0	0
笔记本	本	7	20				1	4	0	0	0
合计（大写）：肆佰元整						¥	4	0	0	0	0

第二联 发票联

（印章：惠民商场 发票专用章）（现金收讫）

销货单位（盖章）　　开票人：李丽娟　　收款人：王梅

表28－1 河北省增值税专用发票（记账联）

开票日期：20××年1月18日　　记账联　　No. 00187967

购货单位	名　　　称：新天地有限责任公司 纳税人识别号：425680104013120 地 址、电 话：建设大街6号 0311-8354760 开户行及账号：建行石家庄市平安分理处 470003150900252526	密码区	7/1>>61<98>8->*5　加密版本号：01 3/9>3327867>383527567 97/>5-710079>-08/1312 440004314 *38426>>2-23/186>>49 00187967

货物及应税劳务名称	规格型号	单位	数量	单价	金额	税率	税额
联想台式电脑							
联想手机	C248	台	19	3 550	67 450	17%	11 466.50
	A390-S322	部	5	780	3 900	17%	663.00
合计					¥71 350		¥12 129.50
价税合计（大写）	捌万叁仟肆佰柒拾玖元伍角				¥83479.50		

销货单位	名　　　称：圣凯有限责任公司 纳税人识别号：465280104013184 地 址、电 话：和平路101号 0331-87826666 开户行及账号：工行石家庄市水源支行 470002260900363668	备注	圣凯有限责任公司 发票专用章 税号：465280104013184

收款人：　　复核：　　开票人：冯小刚　　销货单位（章）：

第一联 记账联 销货方记账凭证

表 28－2 商品出库单

购货单位：新天地有限责任公司　　20××年 1 月 18 日　　销字第 013 号

商品名称及规格	单位	数量
联想台式电脑	台	19
联想手机 A390－S322	部	5
合　计		

第二联 会计记账

表28－3

托收凭证（受理回单）

委托日期20××年1月18日　　委托号码　第0078234号

业务类型	委托收款（☑邮划、☐电划）				托收承付（☐邮划、☐电划）			
付款人	全　称	新天地有限责任公司			收款人	全　称	圣凯有限责任公司	
	账　号	425680104013120				账　号	470002260900363668	
	地　址	石家庄市	开户行	建行石家庄市平安分理处		地　址	石家庄市	开户行 工行石家庄市水源支行
金额	人民币：（大写）	捌万叁仟肆佰柒拾陆元伍角						
款项内容	货款	托收凭据名称	发票		附寄单证张数	3		
商品发运情况	已发				合同名称号码			
备注： 复核　记账		款项收妥日期			收款人开户银行签章			

亿	千	百	十	万	千	百	十	元	角	分
			¥	8	3	4	7	6	5	0

中国工商银行
石家庄市水源支行
转讫

表29－1

中国工商银行电汇凭证（回单）　1

☑普通　☐加急　　委托日期20××年1月18日　　No. 00325904

汇款人	全　称	圣凯有限责任公司	收款人	全　称	北京四海有限责任公司
	账　号	470002260900363668		账　号	0776024001469
	汇出地点	河北　省　石家庄　市/县		汇入地点	省　北京市/县
汇出行名称		工行友谊支行	工行石家庄市水源支行		工行京支
金额	人民币（大写）	伍仟叁佰捌拾柒元叁角整			
汇出行签章			支付密码		
			附加信息及用途： 款已从你单位账户汇出 复核　记账		

亿	千	百	十	万	千	百	十	元	角	分
				¥	5	3	7	0	3	0

中国工商银行
石家庄水源支行
2014.1.18
转讫

此联汇出行给汇款人的回单

表30－1 **中国工商银行进账单（收账通知）**

20××年1月22日　　第21号

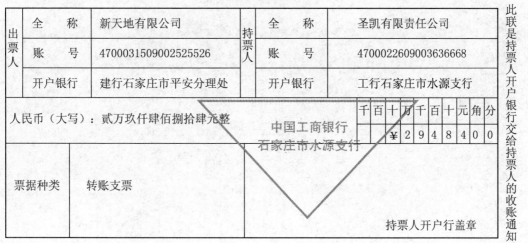

出票人	全　　称	新天地有限公司	持票人	全　　称	圣凯有限责任公司
	账　　号	4700031509002525526		账　　号	4700022609003636668
	开户银行	建行石家庄市平安分理处		开户银行	工行石家庄市水源支行
人民币（大写）：贰万玖仟肆佰捌拾肆元整				千百十万千百十元角分	¥ 2 9 4 8 4 0 0
票据种类	转账支票		中国工商银行 石家庄市水源支行　持票人开户行盖章		

此联是持票人开户银行交给持票人的收账通知

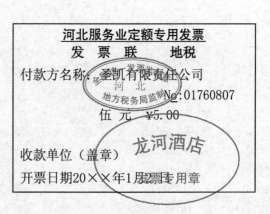

表 31－1 **招待费发票**

河北服务业定额专用发票

发　票　联　　地税

付款方名称：圣凯有限责任公司

№:01760804

贰佰元 ¥200.00

收款单位（盖章）　龙河酒店 发票专用章

开票日期20××年1月2日

河北服务业定额专用发票

发　票　联　　地税

付款方名称：圣凯有限责任公司

№:01760805

贰佰元 ¥200.00

收款单位（盖章）　龙河酒店 发票专用章

开票日期20××年1月20日

河北服务业定额专用发票

发　票　联　　地税

付款方名称：圣凯有限责任公司

№:01760806

伍拾元 ¥50.00

收款单位（盖章）　龙河酒店 发票专用章

开票日期20××年1月20日

河北服务业定额专用发票

发　票　联　　地税

付款方名称：圣凯有限责任公司

№:01760807

伍 元 ¥5.00

收款单位（盖章）　龙河酒店 发票专用章

开票日期20××年1月2日

表32－1 **河北联通有限公司专用收据**

收款日期20××年1月25日　　　　No.B09296019

客户名称	圣凯有限责任公司			预　存　款	
合同号	6000000239431	业务号码	0991-2866126	上次结存	0.00
缴款内容	200×/11/01—201×/1/25			本次结余	0.00
上次余零	0.00	本次应付	¥240.00	本次余零	0.00
收款项目	月租25.00　市话区内费165.00　国内长途　互联网50.00 现金付讫				
实收金额（大写）	贰佰肆拾元整			¥240.00	

收款员：张小倩　　　　收款日期：20××/1/25

（印章：中国联通河北石家庄 发票专用章 税号：410046125225558）

表33－1 **河北增值税专用发票（发票联）**

开票日期：20××年1月26日　　　　No.00182583

（印章：全国统一发票监制章 河北 国家税务总局监制）发 票 联

购货单位	名　　称：圣凯有限责任公司 纳税人识别号：465280104013184 地 址、电 话：和平路101号 0331-87826666 开户行及账号：工行石家庄市水源支行 4700022609003636668			密码区	*65/4>>6//208>>-03 加密版本号：01 7/3-13//585>>27+34*+-2 //-205+6//5>>4+63/20>1 400010258 *4//2>>-+>>2/4>4//>>>0 00182583		
货物及应税劳务名称	规格型号	单位	数量	单价	金额	税率	税额
办公桌	F-4	张	10	300	3 000	17%	510
合计					3 000		510
价税合计（大写）	叁仟伍佰壹拾元整			（小写）¥3 510.00			
销货单位	名　　称：东海有限责任公司 纳税人识别号：465280104000456 地 址、电 话：文化路1号 2655026 开户行及账号：商行文支 4700022609003635476			备注	捐赠		

第三联 发票联 购货方记账凭证

（印章：东海有限责任公司 发票专用章 税号：465280104000456）

收款人：　　复核：　　开票人：冯小刚　　销货单位（章）：

表33-2　　**河北增值税专用发票（抵扣联）**

开票日期：20××年1月13日　　抵 扣 联　　No. 02548215

购货单位	名　　称：圣凯有限责任公司 纳税人识别号：465280104013184 地 址、电 话：和平路101号 0331-87826666 开户行及账号：工行石家庄市水源支行 4700022609003636668	密码区	*73-+54477865*+-/98 加密版本号：01 //-275+6*94>4+6310052 4//563<0217+-+019>302 400004100 3<0602->>2/4>>4/>>>0 00187966

货物及应税劳务名称	规格型号	单位	数量	单价	金额	税率	税额
办公桌	F-4	张	10	3 000	3 000	17%	510
合计		台	10	3 000	3 000		510
价税合计（大写）	叁仟伍佰壹拾元整			（小写）¥3 510.00			

销货单位	名　　称：东海有限责任公司 纳税人识别号：465280104000456 地 址、电 话：文化路1号 2655026 开户行及账号：商行文支 4700022609003635476	备注	东海有限责任公司 发票专用章 税号：465280104000456

收款人：　　复核：　　开票人：李小龙　　销货单位（章）：

第三联 抵扣联 购买方扣税凭证

表33-3　　**固定资产验收交接单**　　No. 0001239

20××年1月26日　　金额：元

资产名称	规格	计量单位	数量	单价	安装费用	其他费用	合计	已提折旧
办公设备	F-4	张	10	300			35 100	
资产来源	受赠	制造厂名	昌华家具	使用年限	10 年	估计残值	100	
合计人民币（大写）：叁仟伍佰壹拾元整					（小写）¥3 510.00			

验收人：刘静　　接管人：赵红斌　　主管：　　会计：

表34-1　　**职工困难补助申请表（代现金收据）**

20××年1月28日

申请人姓名		李和平			所在部门		业务部
家庭人口		5口，1人工作			家庭人均月生活费		不足100元
申请困难补助理由		妻子下岗，父母多病无收入来源，女儿上学，日常生活难以维系					
申请金额		200元				现金付讫	
所在部门意见	属实 李文斌	工会意见	同意 张爱国	单位负责人	同意 冯阔	会计主管	丁宝强
人民币（大写）：贰佰元整					收款人签名	李和平	

表 35－1

工资费用分配表

20××年 1 月 31 日　　单位：元

部门	应分配金额	备注
行政部门人员工资	10 000	
销售部门人员工资	15 000	
合计	25 000	

审　核：丁宝强　　会　计：　　制　单：赵梅

表 36－1

福利费分配表

20××年 1 月 31 日　　单位：元

部门	计提基数	金额
行政部门人员工资	10 000	
业务部门人员工资	15 000	
合计	25 000	

审　核：丁宝强　　会　计：　　制　单：赵梅

表 37－1

固定资产折旧计算表

20××年 1 月 31 日　　单位：元

部门	房屋及建筑物		办公设备		合计	
	原值	折旧额	原值	折旧额	原值	折旧额
销售部门	78 762	3 000	10 206	288		
行政部门	250 000	3 000	35 000	500		
合计	328 762	6 000	45 206	788		

审　核：丁宝强　　会　计：　　制　单：赵梅

表 38－1

银行借款利息计提表

20××年 1 月 31 日　　单位：元

贷款银行	借款种类	计息基数	利率	本月应计利息	备注
石家庄市工行	短期借款				
合计					

审　核：丁宝强　　会　计：　　制　单：赵梅

表 39－1

城市维护建设税及教育费附加计算表

20××年1月31日　　单位：元

计税依据	城市维护建设税		教育费附加	
	税率	金额	税率	金额
	7%		3%	
合　计				

审　核：丁宝强　　会　计：　　制　单：

表 40－1

其他业务成本汇总计算表

20××年1月31日　　单位：元

产品名称	单位	销售数量	单位成本	总销售成本	备注
展示柜	组				
合　计					

附件3张

审　核：丁宝强　　会　计：　　制　单：

表 41－1

1月损益类账户资料表

20××年1月31日　　单位：元

收入类账户	发生额	支出类账户	发生额
主营业务收入		主营业务成本	
其他业务收入		营业税金及附加	
营业外收入		管理费用	
		销售费用	
		财务费用	
		其他业务成本	
		营业外支出	
合　计		合　计	
1月利润总额			

审　核：丁宝强　　会　计：　　制　单：

表 42-1

1 月所得税计算表

20××年 1 月 31 日　　　　单位：元

项　目	计算依据	税　率	税　额	备注
应交所得税		25%		假设不考虑纳税调整事项
合计				

审　核：丁宝强　　　　会　计：　　　　制　单：

表 42-2

所得税结转单

20××年 1 月 31 日　　　　单位：元

项目	科　目	金　额
应借科目		
应贷科目		

审　核：丁宝强　　　　会　计：　　　　制　单：

表 43-1

本年利润结转资料表

20××年 1 月 31 日　　　　单位：元

项目	金额	应借科目	应贷科目	金额
期初本年利润				
加：				
全年净利润				

审　核：丁宝强　　　　会　计：　　　　制　单：

ISBN 978-7-5047-5665-7

9 787504 756657 >

定价：38.50元